社会の新たな哲学

集合体、潜在性、創発

A New Philosophy of Society

Assemblage Theory and Social Complexity

Manuel DeLanda

マヌエル・デランダ　篠原雅武＝訳

人文書院

目次

社会の新たな哲学——集合体、潜在性、創発

はじめに

本書の目的は、社会存在論にとりくむためのこれまでとは異なる方法を導入しようとすることである。他のさまざまな存在論的な研究と同じく、本書は、私たちが正当な理由にもとづいて確かに存在していると主張できる実体はいかなるものかという問いをめぐることになる。本書での存在論的な立場は伝統的に「実在論」と名付けられてきた。すなわち、現実が心から独立して存在するという主張として、ふつうは考えられる立場である。しかしながら、本書でとりくむことになる社会存在論の場合には、実在論に関するこの定義は修正を要する。なぜなら、小さな共同体から大規模な国民国家にいたるまで、ほとんどの社会的実体は、人間の心が存在するのをやめるなら、完全に消滅するからだ。この意味でいうなら、社会的実体は完全には、心から独立しているのではない。しかしそれでもやはり、社会存在論にとりくむための実在論的な方法は、社会的実体が、私たちが社会について形成している観念から自律していることを認めるものでなくてはならない。社会的実体には、人の心がつくりだす観念とは独立している実在性がそなわっているということは、社会的実体を研究するのに用いられてきた、観念的な構築物としての理論やモデルや分類が客観的には誤っていたかもしれないということ、すなわち、私たちが用いてきた理論などが、社会的実体の現実の歴史と内的な力学を捉えるのに失敗するかもしれないと認めることである。

しかしながら、社会科学者が使用しているモデルと分類そのものが、研究される実体の行動に影響をおよぼすといった、決定的な状況もある。たとえば、「女性難民」や「多動の子ども」といった区分をもちいる政治ないしは医療上の分類は、自分たちが「女性難民」や「多動の子ども」というように分類されているという事実に当人たちが気づくのであれば、分類される人たちと相互作用するだろう。第一の場合には、自分の母国で過酷な状況のなか逃亡している女性は、彼女が移住したいと思う国で使われている「女性難民」を分類するための基準を意識し、その基準に適合するものへとみずからの行動を変えていくだろう。この場合、「女性難民」という言葉が指示する対象に、献身的にかかわっていくのはむずかしくなるかもしれない。なぜなら、「女性難民」という言葉を使うということそのものが、その指示対象である「女性難民」を創出するかもしれないからだ。とはいえ、何らかの一般用語が、じつはこの言葉が差し向けられる相手である人間を動かしているのを認めるといっても、社会存在論を覆すことにはならない。女性難民の事例を説明するためには、「女性難民」という言葉の意味を彼女が意識化するということに加え、制度的な組織の集合の全体（法廷、移住局、空港と港湾、拘置局）、制度的な規範と目的（法、拘束力のある判決、パスポート）、制度的な実践（拘禁、取り調べ、尋問）など、区分とその指示対象の相互作用が起こる文脈を形成するものが客観的に存在するということを思い起こしておく必要がある。いいかえると、実在論的な社会存在論にかんする問題がここで生じるのは、すべての一般用語の意味が、社会科学者がみずからの指示対象についてもつことになる知覚を形づくり、循環論法をつくりだすからではない。なんらかの特殊な場合や、意味へと還元されることのない制度と実践の文脈において、そのような問題が生じてくる。哲学者のイアン・ハッキングが述べているように、

多動の子供たちが、自分自身がどのように分類されているかを自分で意識し、その結果として、その分類に対して反応する、とは私は必ずしも言わない。もちろん、その子供たちは分類を意識し、そのことで相互作用が生じるかもしれないが、その相互作用は、この分類を取り巻く、より大きな制度やしきたりの網のなかで生じる。例えば、多動と見なされた子供たちが「刺激なし」教室に置かれるときがある。「刺激なし」教室とは、子供たちが過度の動きをとることがないように刺激が最小限に保たれている教室のことである。机は互いに離れて置かれ、壁には飾りがなく、窓にはカーテンが閉まっている。教師は地味な黒い洋服を着て装飾品をつけない。壁は音が最小限にしか反響しないように設計されている。多動という分類が子供たちと相互作用するのは、子供たちが多動という言葉を聞き、それに従い行動を変化させるからだけではない。子供たちが多動と分類することに根拠を持っている制度やしきたりのなかで、子供たちが多動と見なされることによって、多動という分類は子供たちと相互作用するのである。(1)

要するに、言葉の意味がその指示対象に影響するという厄介な事例が存在することを認めるから

といって、制度と実践への実在論的な方法を損なうことにはならない。逆に、この問題を適切に解決するうえで求められるのは、制度的な組織、対人的なネットワーク、多くの他の社会的実体を概念とは独立のものとして扱うような存在論であるように思われる。この実在論的な解決は、現象学に影響された社会学者が信奉している観念的な解決——いわゆる「社会構成主義」——とは正反対のものである。事実、これらの社会学者は、「構成」という用語を純粋に隠喩的な意味で用いているため、「「築く」「組み立てる」といった、「構成」がもつ字義どおりの意味」を無視してきた(2)。

ひるがえって、本書で擁護されることになる実在論的な社会存在論は、なによりもまずは集合するという客観的な過程にかかわる。人から国民国家にまでおよぶ、社会的実体の広い範囲は、きわめて特殊な歴史的過程をつうじて構築される集合体とみなされることになるだろう。その過程において、言語が重要な役割をはたすことになるが、それでも言語は決定的なものにはならない。

歴史的な固有性を創出し安定させる過程としての集合体（assemblage）にかんする理論は、二〇世紀の終わり間際の数十年の時期に、哲学者ジル・ドゥルーズがつくりだしたものである。この理論は、異種混淆的な部分から構成される多種多様な全体へと適用されるべく意図されている。原子や分子から、生物学的な組織、種、生態的なシステムにまでおよぶ実体は、集合体とみなされることになるだろうし、結果として、歴史的な過程の産物である実体とみなされることになるかもしれない。このことはもちろん、「歴史的なもの」という用語が、ただ人間の歴史だけでなく、宇宙や進化の歴史をも含むものとして使われているということを、意味している。集合体の理論はまた、社会的な実体にも適用されるかもしれないが、社会が自然と文化の境界にまたがるという事実こそが、この理論が実在論的なものであることを証明する。しかしながら、ドゥルーズの著作において集合体の理論に費やされている比較的わずかな箇所（そのほとんどがフェリックス・ガタリとの共同作業による）は、十分に展開された理論には達していないという批判もあるかもしれない。[3] この批判はじつのところ正しい。だが、これらのわずかな箇所において集合体の特性を明確化するのに用いられている概念（「表現」や「領土化」といった概念）は、高度に精緻化され、ドゥルーズの著作のいたるところで他の概念と連結されている。「集合体」の概念が、その概念としての任務をはたす、様々な観念のネットワークの全体を視野におさめるとするなら、私たちはすくなくとも理論の原基形態を手にしている。だがこれは、また別の難題を引き起こす。集合体の特質を明確化するのに用いられる概念の定義は、ドゥルーズの著作のいたるところに散りばめられている。一つの定義の一部はある著書のなかにあるかもしれないが、それが他のどこかで拡張され、後に他の目立たない試論で厳密化される、というように。概念的な定義を容易に特定できるばあいにおいてすら、それらはしばしば、直截な解釈を許す流儀で提示されていない。このせいで、集合体の理論にかんする著書はもしかしたら、その大半を、解釈の遂行に費やすことを余儀なくされるかもしれない。

この困難を回避するため、私はべつのところにおいてドゥルーズの存在論の全体を再構成したが、そこには集合体の理論に直接にかかわりのあるものが含まれている。それは明快で分析的な流儀で書かれているので、ドゥルーズが「本当のところ言わんとしたこと」にかかずらうのをほぼ完全に不要にしてくれるだろう。[4] この本で私は、似たような戦略をもちいる。専門用語にかんする私なりの定義を行ない、この定義を正当化するための私自身の論拠を用い、この定義を発展させるべくドゥルーズは完全に異なった理論的手立てを用いる。この戦略をとるからといってドゥルーズの解釈をする必要が完全になくなるわけではないが、このおかげで、そうした作業の一部分は、脚注にまわすことが可能になる。ここで展開されている理論が厳密にいうとドゥルーズ自身のものではないと感じる読者は、それを「新しい集合体理論」や「集合体理論2・0」などというように呼んでくれたらいいと思う。

本書の最初の二つの章は、こうして再構成された集合体の理論にかんする基本的な考えを紹介する。この理論は、なによりもまず、部分へと還元されることのない全体の諸特性の総合を説明しなくてはならない。集合体の理論には、この総合という機能をめぐって、歴史の上でより古いライバルが存在している。すなわち、ヘーゲル的な弁証法である。したがって、第一章で実行される重要な課題は、集合体とヘーゲル的な全体性との違いを明確にすることである。主要な違いは、集合体の理論では、全体には総合的か創発的な特性があるという事実があるからといって、それが分析されることの可能性までもがなくなることはない、ということである。いいかえると、有機体的な全体性とは違い、集合体の諸部分は、隙間のない全体を形成しない。第二章では、非有機的、有機的、社会的な集合体の総合を説明するのに歴史的な過程を用いるのであれば、集合体の持続する同一性を説明するのに本質主義は不要になるということを論じる。このことで、集合体の理論は、それとは別の社会実在論につきものの主な欠陥の一つを回避できるようになる。すなわち、本質が存在するということへの存在論的な傾倒を回避できるようになる。

基本的な考えを述べたあとは、続く三つの章で、集合体の方法を具体的な事例研究に適用してみる。それは、社会の現実のミクロとマクロの水準の関連性にかんする問題である。これまでは、この問題は還元論的な用語で構成されてきた。社会科学における還元論はしばしば、ミクロ経済学の特徴である方法論的個人主義で説明されるが、そこでは、問題となることのすべてが、お互いに孤立した個々人によってなされる合理的決定とみなされる。だが、社会構築主義の現象学的な個人主義も、たとえそのミクロな水準にかんする概念が個人の合理性ではなく個人の経験を構造化する習慣や区分にもとづくものであるとしても、やはり還元論的である。これらの個人主義のいずれにおいても、合理性や経験だけでなく「全体としての社会」といったものが存在するということは、否定されていない。だが、そうした実体は、たんなる集塊として、その諸部分の総和を超えた特性を欠いた全体として概念化される。このことゆえに、ミクロ・マクロの問題にたいするこれらの解答を、「ミクロ還元論」とみなすことができる。

ミクロ・マクロの問題に対してこれまでにとられてきた立場のもう一つは、本当に実在するのは社会構造である、というものである。個々人は、彼らが生まれた社会の単なる産物でしかない、というわけだ。若き日のデュルケーム、後期マルクス、そしてタルコット・パーソンズのような機能主義者たちが、こうした立場の例である。このような著者たちは、個々人が存在するということを否定しない。だが、個々人はひとたび家族や学校によって社会化されるや、自分たちが属する社会や社会階級の価値観を内面化しているために、所与の社会への忠誠心を当然のこととして受け入れると考える。この立場は、ミクロな水準をただの随伴現象とみなすが、そのために、「マクロ還元論」と名付けることができるだろう。ミクロとマクロの連結の問題に対する立場は、社会科学には他にもたくさんあるが、そのなかには、実践といった中間的な水準を社会的な現実の真の核心と考えるものも含まれる。その場合、個人という行為体と社会構造は、この根本的な水準の副産物ということになる。これはアンソニー・ギデンズのような著名な現代社会学者がとる立場だが、「メゾ還元論」と名付けることができるだろう(5)。

もちろん、これらの三つの還元論の立場が、他にありうる立場のすべてを網羅するというのではない。ミクロでもなければマクロでもない社会的実体に着目する社会科学者はたくさんいる。そこには、会話をはじめとする社会的な出会いにかんするアーヴィング・ゴッフマンの業績や、制度的組織にかんするマックス・ウェーバーの業績、社会正義運動にかんするチャールズ・ティリーの業績といったものがある。社会ネットワーク理論にとりくむ無数の社会学者や、都市や地域を研究する地理学者のことはいうまでもない。これらの著者の業績が明らかにするのは、ミクロとマクロのあいだにある無数の中間的な水準だが、その存在論的な地位はまだ適切に概念化されていない。集合体の理論は、こういった著者たちの貢献（還元論の立場を堅持する人たちの業績も含めた）の布置を適切に整理し、それらのあいだの関連性を完全に明確にしてくれる枠組みを提示することができる。このことゆえに、諸部分の相互作用からその特性が創発してくる全体である集合体は、こういった中間的な実体のいかなるものをもモデル化するのに用いることができる。すなわち、社会正義運動はいくつものネットワーク化された共同体の集合体であり、中央政府はいくつもの組織の集合体であり、都市は、人々、ネットワーク、組織だけでなく、建物や道路から物流やエネルギーのための経路にいたるさまざまなインフラの集合体である。国民国家は、都市、都市で組織化された地理的な地域、地域のいくつかが形成する地方の集合体である。

三章、四章、五章は、人という（さらにはサブパーソナルな）規模に始まり領域国家からさらにそれを超えていくところへと段階的に登る旅へと読者を導いていく。この上方へとむかう運動性、つまりは、これらすべての創発的な全体を現実に生じさせる運動性を経験することによってのみ、読者は、現代世界の特徴である、還元されることのない社会の複雑性の感触をえることができるようになる。このことは、ここで提起される存在論的な枠組みが、より単純かもしくは古い社会に適用できないということを意味しない。それはたとえば、都市や大規模な中央政府のない社会へと、省略された形態で適用させるべく使用することができる。他方で私は、多文化的であろうとはしていない。私が本書で出す事例はすべてヨーロッパかアメリカからのものである。このことはただ、対人的なネットワークや制度的な組織といった社会的集合体のいくつかは異なる文化の至るところでほとんど不変であるという私の信念を反映している。だが、西洋諸国からの事例ですらもしばしば概略的で、五章を例外とすれば、本書の事例の歴史的な側面の探求は徹底されていない。この不十分な点は、私がこれまでに出した著書がすでに歴史と歴史の動態に取り組んでいること、そしてこの本では主に私のこれまでの歴史的な物語の動作主体である実体の存在論的な地位の明確化に関心を向けるという事実によって、正当化される。(6) 歴史的な事例が不十分であるということはまた、読者が各々の規模の水準で無駄にする時間を節約すること、つまりは、上方へとむかう運動性の速度を加速させることを意図しているが、なぜならこの本では、ミクロからマクロへとむかう旅における読者の経験がもっとも重要だからである。私が希望するのは、ミクロとマクロのあいだにある忘れられた領域の複雑性が直感的な水準でひとたび把握されるなら、ミクロとマクロのいずれかを重視するという知の習慣はすぐにでも破棄されるようになる、ということだ。

　他方で、ミクロとマクロの問題を、中間的な規模の水準で展開している社会的実体の多数性という観点から解決しようとするばあい、「より大きな規模」という表現の意味を明確にするための若干の言葉が必要とされる。この表現の通常の意味は、この道路はその都市で一番長いというときや、あるいはこの国民国家は別の国民国家よりも大きな範囲を占めているというときなどのように、幾何学的なものである。だが、幾何学を越えていくような、表現の物理学的な意味が存在している。物理学ではたとえば、長さ、面積、容積は外延的特性として分類され、それはさらに、一定のエネルギーといくつかの構成要素を含むことになる。私は「より大きな規模」という表現を、幾何学的な意味ではなくて後者の外延的な意味で用いる。たとえば、二つの対人的なネットワークが規模において比較されるとき、それらが占めている地理学的な面積の大きさによってではなく、それらが含む成員の数により比較されるが、そのことで、地域のコミュニティを構造化するネットワークは、それが多くの成員をもつのであれば、地理的に分散された友人をつなぐネットワークよりも大規模であるといわれることになるだろう。たとえ後者が惑星全体にわたるものであろうとも、そうなのである。さらに、社会的な実体の違いを際立たせる特性のうちの一つにおいてのみ巨大であるということも、ここでは議論されることになる。外延的ではなくて内包的であり、同じくらいに重要な多くの他の特性（ネットワークにおけるつながりの密度や組織における権威の集中の度合いのようなもの）も存在する。最後に、本書において社会的実体は、ただ特性をもつだけでなく、能力をもつものとして描かれることになるだろう。つまり、他の社会的実体と相互作用するとき発揮することの可能な力としての能力である。

文化横断的な比較が欠落し、社会的な仕組みにかんする詳細な分析が欠如し、歴史にかんする寸描が貧しいといったことのせいでがっかりするかもしれない読者には、こういった立派な仕事はじつのところ、貧弱な存在論的枠組みのなかでは実行しえないとしかいいようがない。社会科学者がこれらの仕事を存在論的な基礎づけなしで実行可能であるふりをするとき、彼らは概して暗黙の、それゆえに無批判的に受けいれられている存在論を用いている。このジレンマから抜け出る道はまったくのところ存在しない。したがって、哲学者たちには、社会科学者たちの仕事をそのかわりに行なうふりなどできないし、すべきではない一方で、存在論的な明確化という仕事に多大なる貢献をすることができる。これこそが、本書が実行しようと試みる任務である。

マヌエル・デランダ
ニューヨーク、二〇〇五年

注

（1）Ian Hacking, *The social construction of what?* (Cambridge, MA: Harvard University Press, 1999), p. 103.〔イアン・ハッキング『何が社会的に構成されるのか』出口康夫、久米暁訳、岩波書店、二〇〇六年、二三七

頁〕

（2） Ibid., p. 49.〔同書、一一七頁〕

（3） 集合体の理論について書かれた部分としては、Gilles Deleuze and Félix Guattari, *A Thousand Plateaus* (Minneapolis, MN: University of Minnesota Press, 1987), pp. 71, 88-91, 323-37, 503-5.〔ジル・ドゥルーズ、フェリックス・ガタリ『千のプラトー』宇野邦一他訳、河出書房新社、一九九四年、九一－九二頁、一〇七－一一二頁、三七三－三八八頁、五六〇－五六二頁〕

（4） Manuel DeLanda, *Intensive Science and Virtual Philosophy* (London: Continuum, 2002).

（5） Margaret S. Archer, *Realist social theory: the morphogenetic approach* (Cambridge: Cambridge University Press, 1995). アーチャーは、社会学の理論について類似した批判をおこなっているが、それを「還元」ではなくてむしろ「合成」であると論じている。私のいうミクロな還元主義とマクロな還元主義とメソの還元主義を、彼女は、「下向きの合成」「上向きの合成」「中間での合成」と表記する。

（6） Manuel DeLanda, *War in the Age of Intelligent Machines* (New York: Zone Books, 1991〔『機械たちの戦争』杉田敦訳、アスキー出版局、一九九七年〕); Manuel DeLanda, *A Thousand Years of Nonlinear History* (New York: Zone Books, 1997).

第一章　全体性に背反する集合体

この章のねらいは、集合体の理論を導入することである。だが、集合体の理論を導入することが目的そのものになるというのではない。それは、社会学者や社会科学者が引き合いにだす実体の真の存在論的な地位を明確にするための方法として導入される。たとえば、全体としての社会のようなものは存在するのか？　社会のような実体が存在するということを主張しようとするのは筋のとおったことなのか？　そして、社会のような実体の実在性を否定するのは、個人としての人とその家族しか存在しないと主張するのと同じことなのか？　これらの問いのすべてには、はっきりと「違う」と答えておくが、否定としてのこの解答を正当化するのに先立って、まずはいくつかの障害物を取り除かねばならない。適確な社会存在論へと至る道に立ちはだかる障害物のすべてのうちでも有機体論的な隠喩にもまして強固なものは存在しない。このつまずきの石は、もっとも粗雑な形をとるばあいには、社会と人間身体のあいだに皮相な類似をつくりだそうとする。そこには、身体の器官が有機体全体のためにいっしょに作動するのと同じく、社会制度の機能が社会の利益をうみだすために調和して作動するという想定がある。社会思想史家であるハワード・ベッカーとハリー・バーンズが述べていたように、この何世紀もの長きにわたる隠喩には、洗練の度合は様々であるとはいえ、多くの変異形がある。

社会における階級、集団、制度と、個人の器官とのあいだに相似をみようとする理論は、社会理論そのものと同じくらいに古くからある。私たちはすでにそうしたものがヒンズーの社会思想に存在するということを述べたし、また、アリストテレスが『政治学』の第四巻でこの有機体論的な類似を正確かつ明確に説明している事実に注意を向けるよう促しておいた。同じ考えは、キケロ、リウィウス、セネカ、パウロの著述にも見いだされる。中世には、入念な擬人化による類似物が、ソールズベリーのジョンとニコラウス・クザーヌスによって描き出された。近代の初頭には、ホッブスとルソーが有機体と国家を対比させ、有機体は自然の産物であるのに対し国家は人為的な創造物であると主張した。一八世紀と一九世紀には、社会と政治の有機体にかんするいくつもの想像上の見解が、ヘーゲル、シェリング、クラウゼ、アーレンス、シュミットヘンナー、ワイツといった著者たちに見いだされる。(1)

一九世紀後期には、有機体論的な隠喩はハーバート・スペンサーの著作において最初の体系的な発展を遂げ、数十年の後に、社会学の機能主義学派のもっとも重要な人物であるタルコット・パーソンズの著作においてその影響力の絶頂に達した。このあと、有機体を隠喩として使用するのは、社会学者が機能主義を拒否するにつれて鳴りを潜めていく。なぜそうなったのか。機能主義が社会統合を強調するあまり対立を軽視したからなのかもしれないし、あるいは、現象学的な経験を犠牲にして社会構造を強調したからなのかもしれない。だが、その基本的な隠喩のより洗練された形態は社会学のほとんどの学派でいまだにかなりの影響を与えており、だからこそ、除去するのがむずかしい。この説明は、類似性ではなく、部分と全体――隙間のない全体性を構成し、有機体的な一体性を提示する全体――のあいだの関係にかんする一般理論を意味している。この理論における基本的な概念は、私たちのいう内在性の関係性である。構成要素である部分は、全体の内にある他の部分との関係そのものによって、構成される。全体から離脱した部分は、離脱する以前のものとは違うものになるが、なぜならば、全体の内の特定の部分であるということが、部分を構成する特性のうちの一つだからだ。構成部分が自己準拠的で、部分相互の関係性が互いに対して外的であるような全体には、有機体論的な一体性がない。ヘーゲルが書いているように、「このことこそ機械観の性格を構成する。即ち互に結合されるものの間に如何なる関係が結ばれようとも、この関係はそれらにとっては、それらのものの本性に何の係わりもない外的な関係である。またこの関係が、たとえ一つのものの外観をもって結合されているにしても、それはあくまでも集合、混合、堆積、等のもの以上のものではないのである[2]」。

したがって、この考えによると、全体には、その部分部分が互いに緊密に規定しあうというようにして一つになった統一性（unity）がそなわっているということになる。こうした類の有機体論的な理論を消滅させるのはじつに困難である。なぜならば、使い古されたイメージを拒絶すればすむという問題だけではないからであり、さらに、社会学にたいする有機体論の影響は機能主義にとどまらないからだ。近年の好例は、影響力のある社会学者のアンソニー・ギデンズの著作であるが、そこで彼は、行為主体と構造の双対性を、それらが互いに構成しあうと主張することで乗り越えようとしている。彼がいうには、行為主体は、構造を再生産する実践に関わることで構成される。構造は、行動上の習性と習慣、物質的および象徴的な資源で成り立つものと把握されるが、いずれもが、実際に起こる実践のなかで具体化されていくことの外側に切り離されて存在するということはない[3]。同様に、規則を具体化し資源を動員する実践を、ギデンズは、「意図と根拠と動機が複数分離した状態から成り立っている集積ないしは連鎖で構成されることのない[4]」行為の連続した流れとして把握している。このことの最終的な帰結は、行為主体と構造がお互いに弁証法的に構成しあうことになる、隙間のない全体である[5]。

ヘーゲルにならってこの方法を擁護する人は他にもいる。全体は、内在性の関係性がないならば創発的な諸特性を欠くことになり、構成要素の諸特性のたんなる集積にしかならないと彼らは主張する。しかしながら、そこで論じられているのは、全体は分離された部分へと分解されるものでありつつ、部分の相互作用から創発してくる消去できない諸特性の備わるものでもある、ということなのかもしれない。科学哲学者のマリオ・ブンゲが述べているように、「分解できるからといって、それが消滅するとはかぎらず、創発の力学の説明で、創発を説明し尽くすことはできない[6]」。構成部分のあいだでの複雑な相互作用の可能性を認めることは、創発の力学を明らかにするのに不可欠であるが、もしも部分が隙間のない網の目へと一緒になって溶解するなら、部分のあいだの相互作用の可能性は消滅する。したがって、内在性の関係という考え自体の克服が求められる。たとえば、所与の実体を規定する諸特性と、他の実体と相互作用する能力を区別することが可能である。その諸特性は所与であり、それだけで完結した一覧表として数え上げることが可能である一方、相互作用する能力は所与でなく——もしも相互作用の相手としてふさわしい実体がまわりにないなら行使されないままであるだろう——、この能力を数え上げるにしても潜在的には開かれた一覧表が必要になるが、なぜならば、所与の実体が数えきれないくらいに多い他の実体とのあいだでどのようにして影響しあうかを前もって述べる方法は、存在しないからである。そうなると、一つの全体の部分であるなら部分の相互作用の能力が行使されるということになるが、全体の部分になることは部分の構成的な特性ではない。そして行使されることのない能力は構成要素の性質に影響をあたえることがない以上、部分はその同一性を保持したままで全体から離脱しうるということになる。

ドゥルーズの集合体理論

有機体論的な全体性にとってかわりうる理論的手立ての主要なものは、哲学者のジル・ドゥルーズが集合体と呼んでいるもの、つまりは、外在性の諸関係を特徴とする全体性である。外在性の諸関係はまず、集合体の構成部分が集合体から離脱し、異なった集合体へと接続され、そこでまた異なった相互作用を営むようになることを意味している。言い換えると、諸関係の外在性は、諸関係そのものが関係することになる項がある程度自律していることを意味している。あるいはドゥルーズが述べているように、「ひとつの関係は二つの項が変わらなくても変わることがあるのだ」ということを含意している[7]。外在性の諸関係はまた、構成部分の特性は、全体を構成している諸関係を明らかにしないことを意味している。「関係がそれらのあいだに設定されるような諸観念それ自体の諸特性は、当の関係の原因でないとすれば、つまり関係にはそれ以外の諸原因があるとすれば、その諸原因〔連合諸原理〕が一個の主体を規定し、ひとりこうした主体のみが、関係を設定するのである[8]」。構成要素の特性が、構成要素の能力の行使によって生じるのかもしれないとしても、そうである。事実、全体の特性をその諸部分の特性へと還元することができないのは、全体の特性が、構成要素の特性の集積ではなく、構成要素の能力を実際に行使することの結果だからである。構成要素の能力は、構成要素の特性に左右されるが、それらに還元されることはない。なぜなら、これらの能力は、他の相互作用する実体の特性と関連するからだ。関係の外在性が確証するのは、集合体は分解可能であるかもしれぬが、それでも、諸部分のあいだの相互作用が本当の総合に行き着くことがありうる、ということである。

諸関係の内在性を好む人たちは、有機体的なものを主要な例として用いるのに対し、ドゥルーズは、植物と受粉する昆虫とのあいだの共生関係という、別の生物学的な事例へとむかう。このばあい、スズメバチと蘭のように、自己準拠的な構成要素のあいだに外在性の諸関係が存在する。それは、共進化の進行にともない定まっていく関係性である。これもまた、集合体と全体性の違いを示すものである。隙間のない全体は、まさに部分の総合として把握するよりほかないものであるが、つまりこのばあい、構成要素のあいだの連鎖は、全体を全体たらしめる論理的に必然的な関係性を形成している。だが、集合体においては、部分と部分の関係性はただ偶然的に定まりうるものでしかない。論理的に必然的な関係性は思考だけでも検証可能であるのに対し、偶然的に定まりうる関係性は、二つの種の共進化の歴史といった経験的な問いにかんする考察をともなう。さらにドゥルーズは、構成要素の異種混淆性を、集合体の重要な特質と考える。したがって彼は、エコシステムを、種そのものではなく、無数のさまざまな植物と動物の種の集合体と考えるだろう。というのも、自然選択は、種の遺伝子プールを均質化する傾向にあるからだ。以下では私は、異種混淆性を集合体の恒常的な特性と捉えず、むしろ異なった値を保持することになる変数の一つと捉えることになるだろう。このおかげで、種だけでなく生物の組織もまた集合体であると考えることができるようになる。ドゥルーズは、生物の組織にふさわしい別の区分を導入したが、そんなことはしなくてもよい(9)。組織を集合体と捉えることは、構成要素である器官が互いに緊密に統合されているのにもかかわらず、器官のあいだの関係性が論理的に必然的でなく、偶然的に定まりうるだけのものであることを意味している。すなわち、密接な共進化の歴史的な帰結である、ということだ。このようにして集合体理論は、有機体理論から、それがもっとも大切にしてきた生物進化の事例をとりあげ自分のものにしてしまう。

集合体概念の二つの次元と四つの変数

集合体の概念は、諸関係の外在性だけでなくさらに二つの次元で規定される。そのうちの一つの次元ないしは軸は、集合体の構成要素が果たすことになる可変的な役割を規定するが、その軸の一方の極には純粋に物質的な役割があり、他方の極には純粋に表現的な役割がある。これらの役割は可変的だが、混合された状態で生じることもあるかもしれない。すなわち、所与の構成要素が、さまざまに異なった能力の組み合わせを行使することで、物質的な役割と表現的な役割の混合を担う、というように。もう一つの次元は、こういった構成要素が関与していく、可変的な過程を規定する。その過程は、集合体の同一性を、内的な同質性の度合いか境界の鋭さの度合いを高めることで、安定させるかもしくは不安定にする。安定化の過程は領土化の過程と呼ばれ、後者の不安定化は脱領土化の過程と呼ばれる(10)。一つの同じ集合体には、その同一性を安定化させるべく作動する構成要素だけでなく、同一性に変化するよう強制するか、異なった集合体へと変容させる構成要素がある。事実、一つの同じ構成要素は、能力のさまざまな組み合せを行使することで、両方の過程に関与するだろう。これらの四つの変数〔物質的、表現的、領土化、脱領土化〕のわかりやすい社会的事例をいくつか紹介してみたい。

物質的な役割をはたす社会的集合体の構成要素は多岐にわたるが、少なくともそこには、互いにたいして適切に〔身体的もしくは精神的に〕調整されている人間身体の集合が含まれている。身体の集合体の古典的な事例は対面的な会話だが、共同体を構造化する対人的なネットワークや、都市ないしは国家を統率する階層秩序的な組織もまた、例として役に立つ。共同体のネットワークと制度的組織は身体の集合体だが、さらに、他の物質的な構成要素を含み込む。すなわち、食、身体労働から、単純な道具と複雑な機械、身を定めることの支えとなる、建物や街区といったものである。表現的な役割を果たす構成要素を説明するにはいくらか工夫が必要となるが、というのも、集合体理論では表現的なものは言語やシンボルに還元されえないからだ。会話の主要な構成要素はもちろん話の内容だが、言語的ではない身体的な表現の様々な形態（姿勢、服装、顔つき）がある。さらに、参加者が自分たちについて表現するとき、彼らが述べていることではなく、その言い方や、話題の選択そのものによって表現するということがある。つまり非言語的な社会的表現であるが、人が言語的に表現しているものの観点からだけでなく、人の名声（あるいは、彼もしくは彼女が会話において演出しようとする印象）の観点からみても、それらは重要である。同様に、対人的なネットワークの重要な構成要素はその成員の連帯感の表現であるが、これらは言語（約束や誓い）で示されることもあれば行動で示されることもあり、たとえ言葉を欠いているとしても、共通の生贄か相互扶助により表現されることもある。同じく、階層秩序的な組織は正当性の表現に立脚するが、それは（権威の源泉にかんする信念の形態のように）言語によって具体化され、あるいは、成員の行動において具体化される。つまり、公共の場で物理的な強制がない状態にあっても命令に従うという行為そのものが正当的な権威を容認していることを表現するという意味で、権威が行動において具体化される(11)。

領土化の概念は、まずは字義通りに理解されねばならない。対面的な会話はつねに特定の場所（街角、酒場、教会）で起こり、参加者が互いを仲間と認め合うなら、会話は明確に規定された空間境界を必要とすることになる。同様に、多くの対人的なネットワークは、民族ごとに住み分けられた街区や小規模な市街地など、明確に規定された境界をもつ空間的な領域に住まう共同体を規定する。組織は同じく、特定の建物のなかで展開し、正当的な権威がおよぶ管轄区域はいつもこれらの建物の物理的な境界線と一致する。例外は国家政府という組織だが、この場合にも、その管轄区域の境界線は地理的なものとなる傾向がある。市（town）、県（province）、国全体、というように。だから領土化の過程は、実在の領土の空間境界を規定し明確にする過程である。他方で領土化は、集合体の内的な同質性を高めていく空間的ではない過程をも意味するが、たとえば組織の成員から特定の区分の人々を排除する淘汰作用の過程であったり、あるいは、住人の民族的ないしは人種的な同質性を高めていく隔離の過程であったりする。空間境界を不安定化させるか内的な異種混淆性を高める過程はなんであれ、脱領土化とみなされる。そのわかりやすい例はコミュニケーション技術である。書くこと、信頼の置ける郵便サービスから、電報、電話とコンピューターにまでおよぶすべてのおかげで私たちは同じ場に存在しなくてもよくなっていくが、それにともない社会的実体の空間境界が不明瞭になる。それらのおかげで遠く離れたところでの会話が可能になり、電話やコンピューターのコミュニケーションといった常時接続の通信網によって対人的なネットワークの形成が可能になり、そして、異なった国々で同時に展開するための手段を組織にもたらす。

集合体を異なった部分へと分解し、各々の構成要素に物質的もしくは表現的な役割を付与することは、方法の分析的な側面を典型的にあらわしているが、領土化の概念は総合の役割をはたしている。というのも、全体が部分から生じ、さらにその同一性を維持するのは、一つには、この領土化の過程で産出される、大なり小なり持続的である連結をつうじてだからである。だが、集合体の理論には、領土化を補完する別の総合の過程が存在している。すなわち、同一性の産出と維持において、遺伝子や言葉といった特殊化された表現的な実体が担うことになる役割である。ドゥルーズは、全ての実体を――それが非生物的で非社会的なものであろうと――表現可能なものと考えていたが、遺伝子や言葉のような特殊化された実体が歴史上現れたことで、この惑星で集合していくことの可能な全体の高度な複雑化が可能になったとも論じている。物理的ないしは科学的な実体も表現されることが可能であるという考えを手がかりにして、この点を明確にしてみたい。原子が放射エネルギーと相互作用するとき、原子の内部構造は、放射エネルギーの波長のいくつかを選択的に吸収することをつうじて、放射エネルギーのなかにパターンをつくりだす。合成写真では、このパターンは、明帯と暗帯の空間的な編成（スペクトログラフ）となって現れるが、それは原子が帰属している化学種の同一性と独特のやりかたで相関している。言い換えると、吸収作用のパターンは、物理情報という形態で化学種の同一性を表現するが、宇宙物理学者には、たとえば天空の一定の推移に現れている化学元素を特定するのにこのパターンを活用することができる[12]。

他方で、この表現性は、いかなる意味でも決して機能主義的ではない。つまり、情報パターンには客観的な実在性があるとはいえ、宇宙物理学者（あるいは、分光器の使用者）が存在しないのであれば、パターンはいかなる機能も示さない。これらのパターンは人間の身体的な同一性を表現する指紋と比べられるかもしれないが、指紋にしても、それを収集し、保管し、人物の同一性を特定する過程の一部として検索する法執行機関がないのであれば、現実の生体的な機能をまったく果たすことがない。だがドゥルーズは、物理的な表現性が機能的なものになる決定的な閾が、惑星の歴史には存在したと主張している。第一の閾は遺伝子コードの出現だが、それは情報のパターンが（原子のような）実体の完全な三次元構造に左右されるのをやめ、核酸の長い連鎖という、分離された一次元的な構造になる瞬間を示している。第二の閾は言語の出現である。遺伝子の線形性がいまだに近接性という空間的な関係性と結びつけられているのにたいし、言語的な有声化は、情報パターンにその物質的な担体からのかなりの自律性を付与するような、時間的な線形性を示している[13]。これら二つの表現性の特殊化された系列は、それ自体で集合体とみなされなくてはならない。すべての集合体と同じく、それらは部分と全体の関係性を示している。遺伝子は、核酸の線形的な連鎖で成り立っており、そして、染色体の構成部分である。単語は、音声ないしは書かれた文字の線形的な連鎖で成り立っており、そして、文章の構成部分である。これらの構成部分のいくつかは、情報のための物理的な基体という物質的な役割を担っているが、この情報は精巧な力学にしたがうことで、遺伝子的な物質のばあいはタンパク質として表現されうるし、言語的な物質のばあいは意味として表現されうる[14]。

　集合体の理論では、これらの二つの特殊化された表現媒体は、次なる総合過程のための基礎とみなされることになる。領土化が構成要素の一次的な連結を示している一方、遺伝子や単語がおこなうコード化は二次的な連結をおこない、一次的な連結の諸効果を確実なものにし、集合体の同一性を安定化させる[15]。生物の組織は、領土化とコード化の両方を経て総合化された集合体の例といえるが、階層秩序的な組織のような多くの社会的実体も同じである。社会的実体におけるコード化の過程は、階層秩序を正当化する権威の由来が伝統的なものであるか、それとも、近代的な官僚制のように合理的で合法的なものであるか次第で変わってくるだろう。伝統的なものであるとき、コード化を遂行するのは、権威の神聖な起源を樹立する物語であるが、後者の近代的な官僚制では、各々の形式的な役割と結びついた権利や義務を銘記する憲法がコードを実効的なものにする。生物の組織とはっきりと目で見ることのできる社会的制度のいくつかは二重に連結されているという事実に、有機体論的な隠喩の魅力の由来をみてとることができるかもしれない。生物的な実体と社会的な実体を生じさせる過程の同形性は、これら二つの実体の類似性を説明してくれるかもしれない。それでも、現実に類似しているからといって、「社会全体」は有機体のようなものであると考えてもよくはならない。なぜなら多くの社会的な集合体は高度にコード化されているのではないし、高度に領土化されているのでもないからだ。

　事実、生物の領域でも社会の領域でも、脱コード化の過程が存在し、有機体論的な隠喩には適合しない集合体を産出する。生物学では、脱コード化を説明する動物の行動は、もはや遺伝子によって厳格にプログラムされることなく、いっそう柔軟なやり方で経験から学ばれることになる。この脱コード化はたとえば動物の領土を産出するが、それらは動物が情報パターン（指紋のようなパターン）の受動的な表現にとどまることなく、排泄物と小尿から、歌、色、影にまでおよぶ様々な手段を、特定の地理的な領域の所有者としての自分の同一性を表現するものとして積極的に使うようになるとき発生する集合体である。[16]脱コード化の過程の帰結が社会となって現われる事例は、友人のあいだでのざっくばらんな会話である。社会的な集合体としての会話は、対人的なネットワークや制度的な組織が備えているのと同じ持続性を欠いているので、それらを有機体と比較しようなどとは誰も思わないだろう。だが会話には、発話者の交代を差配するルールのようなものがある。ルールが形式的で厳格であればあるほど、これらの社会的な出会いはコード化されたものであるといわれるようになっていくだろう。だがいくつかの場合には、これらのルールは弱められ、参加者たちが己の確信や自分らしさを開陳するのを許容する多くの余地を含み持つ集合体を現れさせることになろう[17]。

生物的および社会的集合体の同一性が統合されるとき、遺伝子的および言語的な構成要素が重要であるとはいえ、そういった構成要素と他の構成要素との連関を、内在性の関係性として概念化すべきではない。言い換えると、遺伝子と身体機構の他の部分との相互作用は、遺伝子が身体機構を規定する本質を構成しているとでもいうかのようにみなされるべきではない。そしてこのことは、言語と主観的経験との相互作用や、言語と社会制度との相互作用についてもいえる。集合体の方法では、遺伝子と単語は、様々な他の物質的な構成要素と表現的な構成要素との外在性の関係性に入る構成要素でしかなく、こういった表現の特殊化された系列にもとづくコード化と脱コード化の過程は、領土化と脱領土化の非遺伝子的および非言語的な過程と並んで進行する。後の章でこの点について強調するためにも、私は言語を、決定的で特別な構成要素として常に論じる。これにより、言語的ではないがあたかも象徴作用をもつものであるかのように誤ってとらえられてきた表現的な構成要素を明確に識別することが可能になるというだけでなく、言語は問題の核心部分——今にいたるまで何十年も誤って占められてきた場所——から取り除かれるべきであるということを強調することが可能になる。

反復的なものとマクロな集合体の発生

集合体の方法の特質の明確化を徹底するために論じなくてはならない問題がさらに二つある。第一のことは、物理的、生物学的、社会的な実体が存在していくことになる集合の過程、つまりは反復的なもの（recurrent）として概念化されねばならない過程と関係する。このことは、集合体はつねに、どれだけ規模の小さなものであろうと個体群において、同じ過程が繰り返し出現するところに発生する個体群において存在するということを意味している。個体群の集団をつくりあげている集合体が相互に作用し、様々な能力を行使するにつれて、集合体の相互作用は、個体群に独自の特質を与えていく。それは、一定の成長率や、集合体の特質の一定の平均的な分布といったものである。第二の問題は、これらの集団のなかから、個体群の成員を構成要素とする、より大規模な集合体が生じるかもしれないということにかかわる。言い換えると、集団の成員のあいだでの相互作用はそれらのあいだに大なり小なり持続する連結の形成を促していくが、それらはさらに、独自の特性や能力をそなえたマクロな集合体を生じさせる。これらの持続する連結の形成の背後にある過程はそれ自体反復的なものなので、大規模な集合体の個体群が形成されると、いっそう大規模な集合体が創発することになるかもしれない。

任意の空間規模における同一の集合過程の反復性と、その次にくる規模における同じ種類の集合過程（領土化とコード化）の反復性が結合するなら、集合体の理論は、社会の現実のミクロな水準とマクロな水準を連関させるという問題に取り組むための独自の方法を獲得することになる。本書の大半は、個人の水準とそれよりも広大な社会的実体（領域的な国家のような）の水準を橋渡しする方法にかかわる具体的な事例を、ミクロとマクロの規模の連続のなかに集合体を埋め込むことで提示しようとすることに費やされるだろう。だがこの点では、単純な説明を提示するのが有益であると判明するかもしれない。当面の手法のひとつの強みは、曖昧に規定された一般的な実体（「市場」や「国家」のような）を、具体的な集合体で置き換えることを可能にする、というものだ。集合体の手法では、たとえば「市場」は何と置き換えられるのか？ 市場はなによりもまず、具体的な組織（つまり、具体的な市場という場所やバザー）として見られるべきであり、そしてこの事実は、組織を、人々と彼らが交換する物質的もしくは表現的な物品からなる集合体にする。加えて、経済史家であるフェルナン・ブローデルが論じているように、組織は、小さな町やそれをとりまく田園地方といった具体的で物理的な地域に位置づけられねばならないが、地域もやはり、集合体の構成要素として考えられるべきである。ブローデルによれば、最小の経済的な集合体はつねに、

市を備え、ばあいによっては大市を伴う大きな村がひとつと、その周囲に後光のように配置されて、それに従属しているいくつかの村である。どの村も、中心にある大きな村との距離が、市へ日帰りで往復できる程度でなくてはならない。しかし集合の規模は、輸送手段にも、人口密度にも、当該空間の肥沃さにも依存する。(18)

おおまかに言えば、蒸気機関で運転される輸送機関が現われる前には、これらの村の平均面積は、一六〇ないし一七〇平方キロメートルであった。中世の後期になると、ヨーロッパの都市化の進展にともない、これらの地方市場の数が増加し、類似した集合体からなる大規模な個体群を発生させ

た。それから、これらの個体群に属している市場のうちのいくつかが地域市場へといっしょになって寄せ集められたが、それは平均して一五〇〇から一七〇〇平方キロメートルの面積をもつ大規模な集合体であった。それらの地域の各々が典型的に示すのは、その中心にある大都市であり、わかりやすい文化的同一性であるが、そのいずれもが大規模な集合体の部分である。その次にくるのが州市場で、みずからの構成部分となる地域市場のおおよそ一〇倍の大きさであるがその内的な同質性の度合いは地域市場より低い[19]。最後に、ちょうど一八世紀のイングランドで起こったようにいくつかの州市場がまとまると、国民市場の創発がみられた。

この簡潔な記述が提示するのは、様々な規模をもつ集合体の連鎖のきわめてわかりやすい全体像である。すなわち、集合体のうちのいくつかが別の集合体の構成部分となり、またこの集合体がさらに大きな集合体の構成部分になる、というように。地方市場が地域市場へと寄せ集められていくことの背後にある歴史的な詳細と、国民市場が創出されていくことの背後にある歴史的な詳細は省略したが、それでも、各々のばあいにおいて大規模な実体がより小規模な実体の集合から創発していくことの過程が存在するということは明らかである。ブローデルが国民市場について述べているように、それらは「網目の不規則な網であって、事情が整わなくてもやみくもに構築されるばあいが多かった。妨げとなったものはいろいろある。それ自体の政策を有する強力すぎる諸都市。中央集権化を拒む諸州。外国が介入して、網を断ち切ったり穴をあけたりしたこと。生産および交換にあたっての利害の食い違いはいうまでもなかった[20]」。じつのところ状況はよりいっそう複雑であるが、なぜなら、このような貿易が生じさせた長距離の交易と国際市場をここでは除外しているからである。だがこの単純化された全体像ですらすでに「市場」という物象化された一般性よりもはるかに現実に即したものとなっている。

集合体の理論の主要な特徴を要約する。第一に、部分が内在性の関係性（つまり、部分の同一性そのものを構成している関係性）によって結合されてできている全体とは違い、集合体は自己準拠的で外在性の関係性で連結される部分でできているため、部分はそこから離脱可能で、別の集合体の構成要素となることができる。集合体は二つの次元を特徴とする。第一の次元では、構成部分が担うことになる可変的な役割が特定されるが、それは純粋に物質的な役割から純粋に表現的な役割にまで、さらには、この二つの混合にまでおよぶ。第二の次元は、これらの構成要素が関与することになる過程を特徴とする。つまり、集合体の同一性を安定化させるか不安定化させる過程（領土化と脱領土化）である。この本で使われることになる集合体の理論の説明には、第三の次元が付加される。それは特殊化された表現的な媒体が介入してくる過程を規定するもう一つの軸である。その過程は、集合体の同一性を強固なものへと固定化するか、もしくは逆に、遺伝子的ないしは言語的な素材を利用しながら、集合体に、より柔軟に作動するための自由を与える（コード化と脱コード化の過程である）[21]。こういった過程のすべては反復的であり、その可変的な繰り返しは、集合体の全個体群を総合化する。これらの個体群のなかでは、領土化ないしはコード化を特徴とするがまったく異なる力学で成り立つ別の総合の過程が、より大規模な集合体を生じさせる。この集合体は、もとからあった個体群の成員のいくつかをその構成要素としている。

線形的な因果性について

この章を締めくくるにあたって、集合体の理論にみられる総合的な側面の記述に、いくつかの詳細な説明を追加する。とりわけ、さまざまな力学（mechanism）によって具象化されるかもしれない領土化とコード化の過程について述べるためには、当の力学が何であるのかをしっかりと考えておくことが求められる。非有機的および有機的な集合体の場合には、これらの力学はたいてい因果的であるが、かならずしも線形的な因果性を意味することはない。だからこそ第一の課題は、因果性の概念を、非線形的な力学を包含するものへと拡張することにある。他方で、社会的な集合体は、因果的な相互作用だけでなく、理由と動機をともなう力学を内包している。ゆえに第二の課題は、社会的な集合体の作用を説明するときこれらの主体的な構成要素がどのような役割をはたすことになるかを示すことである。第一の課題が重要なのは、線形的な因果性にみられる欠陥が、解きほぐすことのできない有機体的な統一体への信念を正当化する根拠として、しばしば使われてきたからだ。言い換えると、世界は、相互的な行為の隙間のない網の目や、機能的な相互依存性の統合化された全体性や、際限のない宇宙的な相互連関の塊として提示されてきたが、こうしたことは以前からずっと、機械状の世界を一つにまとめる結び目としての線形的な因果性に反論するためのものとして提示されてきた。したがって、全体性が集合体へと置き換えられるとするのなら、創発してくる諸特性の総合の背後にある複雑な力学が適確に解明されねばならない。

線形的な因果性の定式である「同じ原因であれば、同じ結果がいつも生じる」は、塊としての宇宙を想定することの根拠であるというだけでなく、原因と結果のあいだの関係性の概念そのものに破壊的な影響をおよぼす。とりわけ、線形的な因果性の定式と論理的な包含関係の定式（ある原因は、必然的にある結果をもたらす）との類似性は、多くの哲学者たちを誤らせ、原因とその結果のあいだの関係は、基本的には、原因の発生が結果の発生を包含するというように考えさせることになった。だが、もしも因果性が客観的な総合のための基盤を提供するのであれば、因果関係は、産出的なものであることを特徴とするものでなくてはならない。そこで一つの出来事（原因）が他の出来事（結果）をただ包含するのではなくて産出するという関係のありかたを特徴とするものとならねばならない[22]。因果性によって産出的に結合される出来事は、力学的な衝突のように、単純であるか原子状の出来事になることがある。だが因果性は、一つの全体を作り出している構成部分のような複雑な実体を結合するかもしれない。このばあい、実体そのものはそれが出来事でないために原因として作用することはできないが、実体を規定する特性に生じる変化が原因になることもある。というのも、変化は、たとえ単純な量的変化であろうとも、出来事であるからだ。同じ理由で、複雑な実体によって遂行される動作も、原因になりうる。

　線形的な因果性は、主として原子論的な出来事の観点から規定されるが、ここを離れるのであれば、実体の内的な組織性が外的な原因によって影響されるとき果たすことになる役割を考えなくてはならない。この内的な組織性が決定するのは、たとえば、高強度の外的な原因が低強度の効果（もしくはまったくの無効果）を産出するかもしくはその逆のことを起こすといったことであり、さらに、小さな原因が規模の大きな効果をもたらすかもしれないということである。これらは、非線形的な因果性の事例だが、非線形的な因果性を規定する閾値の上限と下限を超えるばあいには、外的な原因が効果を産出するのに失敗する。つまりこの閾値は、実体が因果的に影響を受ける能力を決定するのだ。ときとしては、影響を受ける能力は、外的な原因が効果を生じさせることの単なるきっかけか触媒になるほどにまで、影響力をもつことがある。ブンゲが述べているように、このばあいには、「外的な原因が有効であるかは、それらが事物の固有の本性と内的な過程にどれほどの影響をおよぼすかどうかにかかっている[23]」。触媒作用は線形性に完全に背馳するが、なぜなら触媒作用が暗示するのは、いくつかの異なる原因が一つの同じ効果に帰着すること——異なった刺激が、一定の内部状態の他の内部状態への転換を引き起こすようなときに起こること——であり、一つの同じ原因が、全体のどの部分に作用するか次第で、いくつかのまったく異なる効果を産出することもあるということ——ホルモンが、植物の先端に導入されるとき成長を促すが、根に導入されるなら成長を阻害する——だからである[24]。しかしながら、内的な過程に（あるいは、内的な組織に）注意を向けるからといって、非線形的ないしは触媒的な相互作用が、内在性の諸関係の事例であることを意味しない。内的な過程は一つの実体の構成部分のあいだでの相互作用でしかなく、これらの部分が相互的に構成されることを意味しない。

これらは線形性からの逸脱であるが、いずれもが公式の最初の部分（「同じ原因は同じ効果をもたらす」）に違反するというだけでなく、第二の部分（「つねに」）もやはり疑問視されることになる。この第二の部分（厳密な必然性を意味する部分）への違反は、統計的な因果性に帰着する。この因果性の形式が重要になるのは、私たちが単一の実体ではなく、実体の巨大な個体群を考えようとし始めるときである。したがって、喫煙者たちの所与の個体群にかんして「タバコを吸うということは癌を発生させることになる」というとき、この主張は、一つの繰り返される出来事（喫煙）があらゆる個別的事例において同じ出来事（癌の発症）を産出するといったことではありえない。個体群の成員の遺伝子的な素因を考慮に入れなくてはならないが、これは、原因がその効果を高い割合で産出するということを意味している。そのうえ、統計的な因果性は、個体群の成員にみられる複雑な内的過程の存在に左右されるものではない。また、統計的な因果性は、内的な組織がなくても存在するかもしれないが、ただしその場合、実験室の条件の外においては、いかなる出来事の連鎖も、そこに干渉してくるかもしれない他の系列から完全に孤立した状態では生じることがないことが条件となる。したがって、遺伝子的には同一の人間の個体群があるとしても、喫煙がつねに癌の発症につながるなどということはない。というのも、他の行為（たとえば運動など）がそういった効果を相殺する役割をはたすかもしれないからだ。ある個体群における外的な原因についてせいぜいのところ言えるのは、原因はなんらかの効果が発生することの蓋然性を増加させる、ということである。(25)

集合体の理論では、集合体は他の集合体の構成部分（非線形的で触媒的な因果性の背後にある内的な組織へと帰着する）となることが可能であり、集合体はつねに、個体群を生じさせていく反復的な過程の産物であるが、この理論は、因果的な産出性のこうした複雑な形態を提示することが可能である。そしてそうするうちに、集合体の理論は、隙間のない網の目という想像物を使用することへの誘惑を断ち切る。たとえば、部分のあいだには決定の相互的な形態が存在するという考えは、（温度自動調節機の特徴であるネガティブ・フィードバックのような）フィードバックを含む非線形的な力学を介して、つまりは、全体の諸部分のあいだの融合を意味することのない力学を介して受け入れられるようになる。統計的な因果性の源にある、独立した出来事の系列のあいだで偶々起きる遭遇はまた、全体性と、全体性が暗に意味するひとまとまりの宇宙という想念を消滅させることになるだろう。ブンゲが述べているように、

ひとまとまりの宇宙という教理が偽りであることをさらに確証するのは、偶々生じる（すなわち、統計的に決定された）現象が存在するということである。これらのほとんどは、互いに相対的に独立している異なった実体から生じてくる。すなわちこうした実体の相対的な相互的偶然性やすれ違いから生じてくる。相互的に独立している進化の系列が存在するということは、物理的な相互作用が距離を隔てたところにおいては弱まっていくということや、拡散の速度が有限であるということにより、確証される。そうしたことが、ひとまとまりの宇宙の頑なさをもっとも効果的に解きほぐす。(26)

集合体で構成部分が担うことになる二つの役割――物質的なものと表現的なもの――は、因果性のこれらの異なる形態と関係している。物質的な構成要素が、因果的な相互作用の全体を含んでいるのに対し、表現的な構成要素は、特に触媒的なものを含んでいる。たとえば、陸生の動物が自分たちの身元を表現するのに活用する、臭い、音、色といったものは、敵および潜在的な味方がとる、行動的な反応を引き起こすためのきっかけとしてのみ作用するが、このばあい、敵にも味方にも、こうして影響を受けることを可能にする複雑な神経システムがそなわっていなくてはならない。こ

れは遺伝子についてもいえる。遺伝子の多くは、高度に活性的で特殊な触媒である酵素の遺伝暗号を指定するが、それでいて遺伝子は、細胞膜の構成要素になるといった物質的な役割をはたすタンパク質の遺伝暗号を指定する。他方で、言語が主として担うのは、話し手と聞き手の双方に複雑な内的組織がそなわっていることを想定する、触媒的な役割である。しかしながら、この内的な秩序は、物質的な原因（神経システムを保持するというような）によっては部分的にしか説明できず、より精密な力学を内包している。とりわけ、人間存在が言語という引き金によって（あるいは、連帯や正当性や評判といった非言語的な表現によって）影響を受ける能力は、行為の理由にかかわる説明を要請し、ある場合には、動機にかかわる説明を要請することになる。大雑把にいうと、理由は、伝統的な価値観や個人の感情といったことで説明できるかもしれないのに対し、動機は、明確な選択と目的を含み持つ、特別の類のものである[27]。

因果、理由、動機

社会学者のマックス・ウェーバーがかつて述べたように、他者の行動に向けられる行為としての社会的行為の解釈に際しては、因果、理由、動機の三つが結合されるというのが一般的である。彼が書いているように、「或る具体的行為の正しい因果的解釈というのは、外的過程や動機が的確に認識されるだけでなく、同時に、その連関の意味が理解されるように認識されることである」[28]。ウェーバーのいう理解の方法を学んだ人たちの多くは、ウェーバーが「因果的解釈」について述べているという事実を、ご都合よろしく無視している。理解の方法は、すべての社会的行為がテクストのように読解できるものであり、制定された文書のように扱うことが可能であるという結論を、けっして認めることがない[29]。ウェーバーの方法にかんするこの誤った評価の源には、「意味」という言葉の二つの異なる意味をめぐる混乱がある。意味作用（signification）と意義（significance）の二つだが、前者は記号の内容であり、後者は重要性や妥当性である。「意味が理解されるように認識されること」について書いていたときウェーバーが考えていたのは、意味作用ではなくて意義であったということは、彼が自分の方法が、手段の目的への適合をともなう事例――選択と目標をともなう社会的行為――に適用されるときもっともうまくいくと考えていたという事実からもあきらかである[30]。こういった活動の理解か解明は、概して、目標達成と問題解決の方法が適切であるかの評価と、その行程における手順が妥当で重要であるかの評価をともなう。鍛冶屋や木こりや料理人の活動のように、一連の行為が物理的な対象との相互作用をともなうばあい、これらの行為は、因果的な妥当性の観点から評価される。だが、物質的な世界との相互作用が問題にならないときであっても、目的志向の言語行為にかんする判断は、たいていは議論の筋道が的確かどうかをめぐるものであったり、情報の一部が妥当なものであるかをめぐるものであって、記号の内容をめぐるものではない。目的と手段の適合性は、動機をその説明のための一部分として要求する社会的行為の一例である。

理由をともなう社会的行為の事例についてはどうだろうか。こうした類の社会的行為の事例には、記号の解釈をまったくともなうことのないものがある。これらのばあいには、伝統の比重と感情の強度の重石のせいで、社会的活動が、「意味的方向を意識的に持つものの限界にあり、限界の彼方にあることも多い[31]」（限界の彼方とは、習慣的ないしは情動的な刺激によってひき起こされる反作用のように、純粋に因果的な観点から説明されるもののことである）。だが、因果的なものには還元されず、社会的行為者による慎重な選択をともなうことのない理由によって説明することのできる事例は他にもある。これらの事例では、社会的行動の意味の理解は、合法的な秩序が存在するということへの信念や、この秩序と結合している期待にこたえたいという欲望のような理由の提示をともなうことになる。信念と欲望は、平叙文の意味へと向けられた（すなわち命題へと向けられた）態度とみなされるかもしれず、この点では、意味内容への指示をともなっている。命題的な態度はもちろん、動機によって説明される因果的な妥当性にも関係するが、その動機とは、なんらかの手段の因果的な妥当性への信念や、目的の望ましさへの信念といったものである。だが、行為の理由を伝統に求めるばあいには、因果的な妥当性は動機の要因とはならず、行為の進行の望ましさが特定の目的に左右されるということはないかもしれない[32]。宗教的な教義をつくりだす諸命題のあいだの関係性のようなものが社会的活動を理解するうえで決定的に重要になるのは、このような場合においてだけである。それにもかかわらず、この事例においては、関係のある神聖な文書の意味内容を解釈することと、具体的な行為の進行を説明するのにこれらの文書の様々な部分がどれほどに重要であるかを精査することの両方が、要請されることになる。

ウェーバーの方法は、社会的な集合体の力学――因果性、理由、動機の複雑な混合からなる力学――の問題を考えるための方法を提供する[33]。社会の力学の混成的な性質を知らないならば、社会科学に関する誤解と神秘化を招来することになる。たとえば、手段が目的へとうまく適合させられている社会的活動は、伝統的には「合理的なもの」へと分類される。だがこの分類のもとでは、これらの活動がさまざまな種類の問題解決能力（それは「合理性」のような単一の心的能力ではない）をともなうものであるということが見過ごされ、さらに、実践的な問題への首尾よくいった解決の説明は、ただ行為者の頭のなかでの計算だけでなく、目的を達成するための手段との身体的な相互作用のような、関連のある因果的な出来事にかんする考察をともなうものであるという事実が見過ごされてしまう。同様に、伝統的な習俗の観点から説明するとき、社会的な活動は儀式や祭式とみなされてしまうが、そうなると、多くの継承されてきた習俗が、じつのところは何世代もの時間をかけて洗練されてきた問題解決の手法であるという事実がみすごされてしまう。これらの実践的な習俗は、儀礼的な象徴で装われているが、同時に、栽培された植物や土壌といった物質的な実体との連続した因果的相互作用を引き起こすこともありうる。

社会の力学には、客観的な構成要素と主観的な構成要素だけでなく、十分に多様な因果的相互作用が含まれていなくてはならない。つまり、非線形的な因果性を特徴づける閾値は、行為者が違えば様々であり（ゆえに、同じ外的な原因であっても、影響を受ける人もいれば受けない人もいる）、ウェーバーが述べていたように、個々の行為者の行動にみられる因果的な規則性は蓋然的なものでしかないということを考慮に入れておかねばならない[34]。統計的な蓋然性は、行為者の個体群のことを考えるとき、より重要なものとなる。したがって、動機によって説明する場合には、個々の行為者には意図的な選択をすることが可能であり、ある場合には意図的な行為が社会制度の創出につながることもあることを認識するだろう。また他方では、それと同時に、大規模な社会的集合体の総合は、意図的な行為の集団的な意図せざる帰結として、つまりは一種の統計的な結果として多くの場合達成されると私たちは強く主張するかもしれない。他方で、理由によって説明するばあい、関連のある信念と欲望が家族や学校による社会化の効果であるならば、集団という側面がすでに考慮に入れられているかもしれない。だがさらにこの社会化は、蓋然性の観点から把握されなくてはならない。遺伝子が植物や動物の身体的な特徴におよぼす影響は蓋然性の問題であり（線形的な因果的決定論ではない）、したがって個体群を記述するとき私たちはこれらの身体的な特徴にみられる変異に関心をもつのとちょうど同じく、社会化の効果も変異的なものとしてつねに描かれるべきであり、研究の固有の対象は、いかにしてこの変異が所与の個体群において配分されるかをめぐるものとなるべきである。

集合体理論の導入は以上のとおりである。次の章では、私がここで触れることのなかった唯一の構成要素（集合体のトポロジー的なダイアグラム）をさらに論じるが、これにより、集合体の存在論的な位置づけが適切に明瞭化されよう。それはまた、集合体と全体性のあいだの区別にとりわけ顕著に現れている部分と全体の関係についての議論を拡張し、集合体理論が、社会現象のミクロな水準とマクロな水準の関係性の問題を構成するのにどれほど役に立つのかを詳細に示すことになる。問題が一度正確に提示されれば、それに続く章ではその解決の具体化を試みることができるようになるだろう。

注

（1） Harry Elmer Barnes and Howard Becker, *Social thought from lore to science* (New York: Dover, 1961), pp. 677-8.

（2） G. W. F. Hegel, *The Science of Logic* (Amherst, NY: Humanity Books, 1999), Volume 2, Book 2, p. 711.〔G・W・F・ヘーゲル『大論理学（下）』武市健人訳、岩波書店、一九六一年、一九四頁、強調は原文〕

（3）「構造は個人に対して「外部的」ではない。記憶の痕跡であり、社会的実践において発動されるものである構造は、個人の活動に対しデュルケームのいう意味で外部的であるというよりはむしろ、ある程度は「内部的」である。」(Anthony Giddens, *The Constitution of Society* [Berkeley, CA: University of California Press, 1986]. p. 25)

（4） Ibid., p. 3.

（5） Anthony Giddens, *Central Problems in Social Theory* (Berkeley, CA: University of California Press, 1979), p. 53.〔アンソニー・ギデンズ『社会理論の最前線』友枝敏雄、今田高俊、森重雄訳、ハーベスト社、一九八九年、五八頁〕

（6） Mario Bunge, *Causality and Modern Science* (New York: Dover, 1979), p. 156.

（7） Gilles Deleuze and Claire Parnet, *Dialogues II* (New York: Columbia University Press, 2002), p. 55.〔ジル・ドゥルーズ、クレール・パルネ『ディアローグ』江川隆男、増田靖彦訳、河出文庫、二〇一一年、九七頁〕

（8） Gilles Deleuze, *Empiricism and Subjectivity* (New York: Columbia University Press, 1991), p. 98.〔ジル・ドゥルーズ『経験論と主体性』木田元、財津理訳、河出書房新社、二〇〇〇年、一五三－一五四頁〕ドゥルーズはここで、ヒューム的な観念という特殊な種類の構成要素を論じているが（そしてそもそもの引用箇所が注意を向けるのはまさにこれなのだが）、このことは他のいかなる種類の構成要素にもあてはまる。

（9） ゆえにドゥルーズはこう書いている。

「ひとつの集合体とは何か。それは多くの異質的な項を含むひとつの多様体であり、年齢、性別、界を貫いて――様々な本性を貫いてそれらの項の間の諸々の結びつき、諸々の関係を成立させるひとつの多様体である。またこの集合体の唯一の単位は共‐機能作用に属している。つまり、それはひとつの共生、ひとつの「共感」なのだ。重要なのは親子関係では決してなく、同盟関係と合金関係である。それは遺伝、子孫ではなく、伝染、疫病、風である」（Deleuze and Parnet, *Dialogues II*, p. 69〔ドゥルーズ、パルネ『ディアローグ』、一一九頁〕）。

有機体と種にさえも存在している子孫の排除は、彼が有機体と種を集合体の定義から排除しようとしていることを示している。フェリックス・ガタリとの共著では、ドゥルーズは、「集合体」と「層」を区別している。彼らは生物学的な組織と制度的な組織を層として分類するだろう。後ほど注21で説明することになる理由で、私はここではこの区別を採用しない。

(10) ドゥルーズとガタリはまったく異なる用語を用いている。とりわけ、構成要素における「物質的な」役割と「表現的な」役割というかわりに、彼らは「内容」と「表現」の切片について論じている。

「ここから、われわれは〈集合体〉の性格について一般的な結論を引き出すことができる。第一の水平的な軸にしたがえば、一つの集合体は二つの切片を含む。内容の切片と表現の切片である。一方でそれは、身体の行動、受動の機械状集合体であり、たがいに作用しあう身体の混合である。他方でそれは、言表行為の、つまり行為と言表の集団的集合体であり、身体に向けられる非身体的変形である。しかし、方向づけられた垂直の軸にしたがえば、集合体は一方では、これを静止させる領土的または再領土化された側面をもち、他方ではそれを上回る脱領土化の先端をもっているのだ」（Gilles Deleuze and Félix Guattari, *A Thousand Plateaus* [Minneapolis, MN: University of Minnesota Press, 1987], p. 88〔ジル・ドゥルーズ、フェリックス・ガタリ『千のプラトー』宇野邦一他訳、河出書房新社、一九九四年、一〇九頁〕）。

「領土化」という用語以外、本書ではこの複雑な術語の一切を使わないことにする。さらに私は、二つの次元ではなくて三つの次元を用いるが、このことで、層と集合体のあいだの区別を乗り越えることが可能になる。そのあたりは、注21で説明している。

(11) 先の注では、言語的な表現と非言語的な表現のあいだの区別は、「言表の集団的な集合体」としての表現的な構成要素が参照されるために、いささか曖昧になっている。ただし、それを言表の記号内容ではなくて発話内行為の力に、つまりは「言語行為」として表現されるものにかかわるものとして解釈されるというのであれば、はっきりする（Deleuze and Guattari, *A Thousand Plateaus*, p. 80〔『千のプラトー』、一〇一頁〕）。

いずれにせよ、たとえ「言表」をこのように解釈するとしても、集合体のこうした定義は、ただ社会にかかわる事例に適用されるように思われる点で、不十分である（非有機体的で生物学的な実体が言表を生産できるというのなら話は別だが）。これは、集合体理論が、物理学、生物学、社会学に等しく適用可能であるという想定にまったく合わないものである。注13も参照のこと。

(12) Edwin C. Kemble, *Physical Science: Its Structure and Development* (Cambridge, MA: MIT Press, 1966), pp. 126-7.

(13) Deleuze and Guattari, *A Thousand Plateaus*, p. 62.〔『千のプラトー』、八二頁〕ドゥルーズとガタリは、集合体の物質性と表現性の実質、およびそれらの形態を区別している。物質性はただ実質だけでなく、形態化された実質をともなうのであり、表現性は純粋な形態ではなく、それ自体の実質をともなう。遺伝子と言葉の分化はしたがって、表現の実質およびその形態のあいだの分離として概念化される。後の部分では、私はこの用語にこだわる。たとえば顔つきや行動の表現性に注意をむけたり、表現の特別な媒体としての言語に注意を向けるために、物理的ないしは直接的な表現性について述べることにする。だが読者諸賢は、ドゥルーズとガタリが顔つきを「表現の実質」と呼び言語を「表現の形態」と呼んでいることに留意しておくべきである。「言語は、確かに新たな表現形式」になる。「実質とは何よりもまず音声的実質であり、それがさまざまな有機的要素を、単に咽頭のみならず、口と唇、そして顔面の、顔全体のあらゆる機能を作動させる」(Ibid., p. 61〔同書、八一頁〕)。

（14） さらに、遺伝子と言葉を領土化し脱領土化する過程も含むべきである。たとえば、言語の物質性は、書くことの出現にともない領土化される。だが、石に刻みつけることや紙にインクで書きつけることが、電磁場における変調となり、語られる言葉がラジオで伝達され、書かれる言語がテレビで放送されるようになるとき、この空間的な同一性は脱領土化することになるかもしれない。言語の表現的な側面の脱領土化、つまりはその記号内容は、概念化するのがむずかしい。ドゥルーズは、どうすればこの概念化をすすめることができるかについて、若干の示唆をあたえてくれる。とりわけ、彼は、これらの過程で重要な役割をはたす特定の記号的実体を選び出している。たとえば、不定法の動詞、固有名、不定冠詞などである（Ibid., pp. 263-4〔同書、三〇三-三〇四頁〕）。

（15） ドゥルーズは、構成部分から全体がこうして総合されていくことを、第二次分節と呼んでいる（Ibid., pp. 40-41.〔同書、六〇頁〕）。（この過程は、集合体ではなくて地層を総合するものといわれているが、注21を参照されたい。）

（16） Ibid., p. 316.〔同書、三六五頁〕

（17） 歴史的にいうと、古代ギリシアの都市は、優勢な同時代の帝国から遠くはなれていながら、その進歩した文明の恩恵をうけることができないほどにまでは離れていなかったため、友人のあいだでの会話が、似た者同士の集まりという硬直性から自由になれるという条件をもたらすことになった。ドゥルーズとガタリの『哲学とはなにか』（Gilles Deleuze and Félix Guattari, *What Is Philosophy?* [New York: Columbia University Press, 1994], p. 87〔ジル・ドゥルーズ、フェリックス・ガタリ『哲学とはなにか』財津理訳、河出文庫、二〇一二年〕）を参照のこと。事実、ギリシアの事例は、脱領土化と脱コード化の結合である。ここでドゥルーズとガタリは前者を重視しているが、脱コード化も関わっていると主張しておく。

（18） Fernand Braudel, *The Perspective of the World* (New York: Harper & Row, 1979), pp. 280-82.〔フェルナン・ブローデル『世界時間1』村上光彦訳、みすず書房、一九九九年、三六八頁〕

（19） Ibid., pp. 282-4.〔同書、三七三-三七五頁〕

(20) Ibid., pp. 287.〔同書、三七五‐三七六頁〕

(21) これはドゥルーズとガタリの手になる集合体理論とは違っているが、というのも、彼らは集合体を三つではなく二つの次元で定義しており、そのために、地層と集合体という、現実の実体にかんする二つのカテゴリーを導入せざるをえなくなる。この対を用いるならば説明が必要以上に面倒になるが、とりわけ同じ目的が、集合体の概念に第三の次元を付加することで達成されるようなときにはそうである。彼らが地層と集合体の対立を相対的なものと考えていたということは以下の引用箇所からもあきらかである。

「こうした意味で、集合体の存立性は、環境の成層化にとどまるものと対立すると考えることができる。しかし、この対立関係もまた、相対的なものにすぎず、まさに相対的なのだ。あらゆる環境が地層の状態と脱地層化の運動のあいだを揺れ動くように、すべての集合体は、集合体を再‐地層化しようとする領土的閉塞と、逆に集合体を宇宙に連結する脱領土的開放とのあいだを揺れ動く。当然ながら、われわれの求めていた差異も、集合体とそれ以外のもののあいだにではなく、ありうべき全集合体の二つの限界のあいだに、つまり地層のシステムと存立平面のあいだにある」(Deleuze and Guattari, *A Thousand Plateaus*, p. 337〔『千のプラトー』、三八七‐三八八頁〕)。

さらに、ドゥルーズは脱領土化の二つの形態を区別する。第一の形態は相対的な脱領土化だが、集合体の同一性を不安定化し、別の同一性を生じさせていく変容へそれを開いていく過程(「再領土化」と呼ばれる過程)を意味する。第二の形態は全く異なるものであり、それは絶対的な脱領土化と呼ばれている。第二の形態においては、それはよりいっそう根底的な同一性の変化を意味している。実際、それはつまるところは自己同一性の喪失であるが、それでも、未分化の混沌へと陥ることはない。集合体は現実の実体として存在するが、集合していく過程の構造(こうした過程に反復的な性質をもたらし、そもそもそれらが反復されるということを説明するもの)は現働的ではなくて潜在的である。脱領土化が絶対的であるということはつまり、その過程が現にある現実から離脱して潜在的な次元へと達するということを意味している。この意味で、この言葉は、集合体の潜在的な構造を規定する内在的な多数性の平面を創出する限界の過程としての「反現実化」と同義である。先の引用箇所で言及されている二つの限界は、一方では高度に領土化されコード化された集合体であるが、他方では外在性の関係で結合されたすべての集合体の潜在的な構造をふくむ内在性の平面である。第二章では、集合体の「ダイアグラム」という概念を用いつつ、集合体の潜在的な構造にかんする問題について論じる。

（22）Bunge, *Causality and Modern Science*, p. 47.

（23）Ibid., p. 178. 十分な内的因果性が導入されたのは、スピノザとライプニッツのおかげであると、ブンゲは考えている。ジル・ドゥルーズが、影響を与える能力と影響を受ける能力を等しく重要なものと考えるとき、彼はこの伝統を存続させている。

（24）Ibid., p. 49.

（25）Wesley C. Salmon, *Scientific Explanation and the Causal Structure of the World* (Princeton, NJ: Princeton University Press, 1984), pp. 30–34.

（26）Bunge, *Causality and Modern Science*, pp. 100–1.

（27）R. S. Perers, *The Concept of Motivation* (London: Routledge & Kegan Paul, 1960), p. 29.

（28）Max Weber, *The Theory of Social and Economic Organization* (New York: Free Press of Glencoe 1964), p. 99.〔マックス・ヴェーバー『社会学の根本概念』清水幾太郎訳、岩波文庫、一九七二年、一二〇頁〕

（29）「私が採用する文化の概念……は本質的に記号論的（semiotic）なものである。マックス・ウェーバーと共に、人間は自分自身がはりめぐらした意味の網の中にかかっている動物であると私は考え、文化をこの網として捉える。したがって、文化の研究はどうしても法則を探求する実験科学の一つにはならないのであって、それは意味を探求する解釈学的な学問に入ると考える」（Clifford Geertz, 'Thick description: toward an interpretive theory of culture,' in *Interpretation of Cultures* [New York: Basic Books, 1973], p. 5.〔クリフォード・ギアーツ「厚い記述――文化の解釈学的理論をめざして」『文化の解釈学I』吉田禎吾他訳、岩波書店、一九八七年、六頁、強調はデランダ〕）。

ギアーツはつづけて、「意味の構造」について、あたかもこの表現が「意味の網」と同じものを意味しているとでもいうかのように論じるのだが、このすり替えは、私がここで議論している過誤を例証するものである。他方で、ギアーツのいう文化実践の「厚い記述」がじつのところはいかなる社会の説明においても出発点としては貴重なものであり、彼が説明の戦略を拒否して記述の戦略に向かっているのにもかかわらずそうであることを認めなくてはならない。

(30) Weber, *The Theory of Social and Economic Organization*, p. 91.〔ヴェーバー『社会学の根本概念』、一五頁〕

(31) Ibid., p. 116.〔同書、四〇頁〕

(32) Ibid., p. 115.〔同書、三九頁〕ウェーバーは、社会的行為の四つの理念型を論じている。（1）手段を個別に選び出された目的に適合させていくことにむけて実行される行為。（2）感情のままに実行される行為。（3）伝統にしたがい習慣によって実行される行為。（4）絶対的な価値にむけて実行される行為。すなわち、「或る行動の独自の絶対的価値――倫理的、美的、宗教的、その他の――そのものへの、結果を度外視した、意識的な信仰による」行為。

(33) Ibid., p. 117.〔同書、四一頁〕

(34) 「従って、因果的説明というのは、或る方法で評価し得る、また、稀な理想的ケースにおいては数量的に記述し得る蓋然性のルールに従って、或る（内的或いは外的な）過程が現われた後に他の過程が続く（或いは、一緒に現われる）ことを確認することである」（Ibid., p. 99.〔同書、二〇頁〕）。

第二章　本質に背反する集合体

本質主義の回避

本質主義は、多くの社会科学者が実在論の拒絶を正当化するために提案する、主要な根拠である。実在論への批判者の主張によれば、それ自体で存続し精神から独立している社会的実体を想定するのは、社会の同一性を規定する本質が存在すると考えるのと同じである。だが、こういった本質は、本当のところどのようなものと考えられているのか。今日では、存在論の立場から永遠の原型が存在すると主張しなくてはならないと感じている実在論者はほとんどいない一方で、わかりにくい形態の本質主義が存在している。すなわちそこで本質は、分類学者が分類をおこなうという営みによって産出する一般的な区分を物象化するときに導入されるのだ。したがって、この章を始めるにあたって、集合体の理論が物象化された一般性の存在をどのようにして想定しないかを説明するのが重要である。

プラトンのいう多様性とは正反対の分類学的な本質主義は、偉大なる哲学者であるアリストテレスの著作にまで遡ることができる。アリストテレスは、類、種、個という三つの水準からなる階層秩序へ実体を分類するための方法論を創出した。たとえば、問題になっている類が「動物」であるとするなら、この方法では、動物をそれよりも下位の階層へと分割する種差的な差異を見出すことが要請される。たとえば、「二足歩行」と「四足歩行」の動物である。この新しい階層は、差異のさらなる差異化によって、いっそう下位の階層へと分割できる。だがここで私たちは注意しなくてはならない。なぜなら、アリストテレスが次のように述べているからだ。「したがって、正しく言おうとすれば、決してわれわれは、「有足の」ものの或るものは「有翼の」であり他のものは「無翼の」であると言うべきではない、われわれはその或るものは「分趾蹄」であり他のものは「非分趾蹄」であると言うべきである。けだし、これらは足の種差だからである」[1]。この方法論に適切に倣うとするなら、私たちは、よりいっそうの差異化を見出すことができず、そのため人間もしくは馬という種の水準より先には行けない地点へと導かれていくことになろう。もちろんこれらの種は、さらに分割することができる。なぜなら、私たちは人間を、黒人と白人、教養のある人と無教養の人、正しい人と正しくない人というように分割できるが、これらは必然的な差異ではなく、個々人を固有名で規定する、単なる付帯的な結合でしかないからである[2]。したがって私たちが、実体の本質もしくは本性そのものをみいだすのは、種の水準か、もしくは現代の哲学者たちが「自然種」と呼ぶものの水準においてである[3]。

もちろん進化論では、こうした論法は否定されるだろう。アリストテレスの例に従うとするなら、ある動物種と別の動物種とを区別する特性は、有機体のあいだの違いを示す特性と同じくらいに偶然的なものと考えられるかもしれない。種の特性は、起こっても起こらなくてもおかしくなかった進化の過程の帰結である。所与の種の同一性が持続していることの説明は、遺伝物質の集積をよりいっそうの適応にむけて導いていく自然選択の異なる形態（捕食動物、寄生生物、気候）という観点からだけでなく、生殖群集が二つの共同体へと発展的に分岐しついには一緒にやっていけないところまで分岐が進行していく過程という観点からも可能である。第一の過程は、種を差異化していく特性を生じさせるが、「生殖隔離」と呼ばれる第二の過程は、遺伝子プールを外側にある遺伝子の流れにたいして閉ざすことによって、種を差異化する特性を程度の差はあれ持続的なものにする。この隔離はかならずしも、完全に不浸透な障壁に帰着するとはかぎらない。たとえば多くの植物種は、遺伝子を他の植物種と交換する能力を保持しているため、その同一性は長期的にみるとはっきりしない。だが、生殖行為を秘めやかに営む私たち人間のような動物をそれぞれに分離する境界線でさえ、たとえばバイオテクノロジーの活用や、あるいはレトロウィルスの作用を介して破られることがあるが、そうした事実は、境界線の本性が偶然的であることを確証している。

　有機体と種は、その持続する特性が偶然的であることを同じくするというだけでなく、いずれもが生まれそして死んでいくという点でも、よく似ている。生殖隔離は、特殊化の閾値を、つまりは新しい種の歴史的な誕生の時点を画し、絶滅は、それと等しく歴史的である死を規定する。このことは、生物学的な種が個的実体であることを意味している。個的実体としての種は、種を構成している有機体と同じく独自で特異的だが、時空間的な規模においては有機体よりも大きい。言い換えると、個々の有機体はより大規模な個的全体の構成部分ではあっても、一般的な区分や自然種の特殊な要素ではない[4]。同じことは、他の自然物についてもいえる。たとえば、元素周期表のなかで分類される化学種は、水素、酸素、二酸化炭素を存在させるものとみなされるならば、物象化されるかもしれない。だが、周期表の客観的な実在性を承認しつつ、その自然種を物象化するのを拒否することも可能である。所与の種の原子は、個々の星々において発生する反復性の過程（元素合成の過程）によって産出される個的実体と考えられるかもしれない。有機体とは違い、これらの原子はさしたる変異性を示すものではないとはいえ、具体的な過程において生じたものであるという事実のおかげで原子の各々は歴史を所有することになる。このことは、存在すると認めてかかる必要があるのは、「水素一般」の存在ではなく、水素原子の大規模な個体群の客観的な現実性であるということを意味している。

これら二つの事例から導き出される教訓は、分類学的な本質主義が依拠する方法論は、物象化された一般性を生じさせるという点できわめて特殊なものである、ということだ。それは最終的な産物（異なった化学種もしくは生物種）から開始し、これらの産物の特徴となる持続する特性を論理的な分析をつうじて発見し、これらの特性の部分集合を決定的な本質（あるいは、自然種に属している、必要かつ十分な諸条件の集合）へと還元していく。物象化を回避するためには、そのかわりに最終的な産物を産出する歴史的な過程に着目しなくてはならないが、ここでいう「歴史的」という用語は、ただ人類の歴史だけでなく、宇宙論的な歴史と進化論的な歴史のことをも意味している。

一章で素描した集合体の理論は、このような操作をつうじて、分類学的な本質主義を回避する。集合体の同一性は、それがいかなる規模の水準のものであっても、つねに（領土化や、ある場合にはコード化の）過程の産物であり、つねにはかない状態にある。なぜなら、（脱領土化と脱コード化の）別の過程が集合体を不安定化させるかもしれないからだ。このことゆえに、集合体の存在論的な地位は、それが大きいものであれ小さいものであれ、独自で特異的な複数の個の地位と、つねに同一である。言い換えると、分類学的な本質主義においては、類と種と個が分離した存在論的区分になっているのに対し、集合体の存在論は平坦である。なぜなら、集合体は、異なった規模をもつ個的な特異性（ないしはこのもの性 haecceities）以外の何ものをも含まないからだ。社会の存在論が問題となるかぎり、このことは、人だけが社会の過程に関与する個的実体であるというのではなく、個々の共同体、個々の組織、個々の都市、個々の国民国家もそうであるということを意味している。

トポロジーとダイアグラム

他方で自然種だけが、本質主義の神話の唯一の源泉であるというのではない。アリストテレスはその分析を、自然種よりも上位にある動物という類の水準で始め、論理的な分化をつうじて（「馬」や「人間」といった）種の段階に到達する。ここで問われるのは、もしも彼のいう種が個的な特異性に置き換えられるのだとしたら、彼のいう類についてもそういえるのか、である。これにたいしては、生物学的な分類のうちでもっとも高次のものである界（植物と動物を含むレベル）や門——脊椎動物である人間が属する脊索動物門もそこには含まれる——は、違うやり方で取り扱われる必要があると答えておく。門は、すべての脊椎動物に共通の抽象的な身体平面として考えられるかもしれないし、またそのものとしては、長さや領域や規模といった計量的な観念を使用するのでは特定することができない。というのも、身体平面の各々の実現化は、計量的な関係性のまったく異なる集合を示すことになるからである。それゆえに、身体平面の実現化を特定するとき使えるのは、身体の異なる部分の全面的な接続可能性という、非計量的でトポロジー的な観念だけである。言い換えると、身体平面は可能性の空間（たとえば、あらゆる可能な脊椎動物のデザインの空間）を規定し、この空間には、トポロジー的な構造がそなわっている。集合体の理論においては、可能性の空間の構造という観念は重要である。集合体の能力は、諸々の特性とは違って所与のものではなく、行使されないかぎりにおいてはただの可能性でしかないからである。しかしながら、集合体の可能な能力の集合は、どれほどに無制約的にみえようとも、そこには一定の形がある。というのも、異なった集合体は能力の異なった集合を示してみせるからだ。

可能性の空間にかんする研究は、物理学と化学においてはいっそう展開しているが、そこでは「相空間」と呼ばれている。これらの構造は、「アトラクター」と呼ばれる不変量だけでなく、空間の次元によって与えられる。その次元は、具体的な物理的ないしは化学的な動力学的なシステムの「自由の度合い」を、つまりはそうしたシステムの適切な変化の方向性を現している。(5) たとえば古典物理学は、力学、光学、および重力にかかわる多くの現象が進化へと開かれている可能性がきわめて制約されていることを発見し、最終的には、ポテンシャルエネルギーと運動エネルギーの差異は最小化されるという見解を支持した。言い換えると、非常に多くの古典的システムの力学は、可能性の空間における最小点に着目した。つまり、それらの長期的な傾向を規定するアトラクターに着目した。他方で、生物学と社会科学では、よりいっそう複雑な可能性の空間の構造を調べるのにふさわしい形式的なツールがまだ存在していない。だが、生物学や社会科学も、トポロジー的不変量（アトラクター）のより複雑な配分をともなう相空間として定義できるかもしれないという仮説を試してみることはできる。こういったトポロジー的不変量は、普遍的な特異性と呼ぶことができるかもしれないが、なぜなら、それらは多くの異なるシステムが共有している特異的ないしは特別なトポロジー的特性だからだ。アリストテレスのいう類にとってかわるのはこれらの普遍的な特異性の配分であるとしたら、彼のいう種にとってかわるのは個的な特異性である。そのうえ、普遍的な特異性と個的な特異性との関連は論理的な分化の過程ではなく、歴史的な分化の過程である。すなわち、抽象的な身体平面を実現化する、すべての異なる脊椎動物種の分岐していく進化をともなう過程である。門の水準を種の水準へと架橋する分類学的な区分は、身体平面を歴史的に分化してきた連続的な分岐点を現している。

前の章で記述された役割と過程にくわえ、集合体は、ドゥルーズがダイアグラムと呼ぶものを特徴としている。それは身体平面と等価であるか、あるいはより正確にいうならば集合体と連関する可能性の空間を構造化する、普遍的な特異点の集合である[6]。したがって、人も共同体も組織も都市も国民国家もすべてが個的な特異性である一方で、これらの実体の各々はまた、可能性の空間と連関している。この空間は、その自由度を表示する次元を特徴としており、かつ、普遍的な特異点の集合を特徴とする。いいかえると、これら社会的集合体の各々は、みずからのダイアグラムをもっている[7]。前の章では、「市場」のような物象化された一般性が国民市場のような具体的な歴史的実体に置き換えられるとしたらどのようにしてであるかを示した。国民市場はつまり、地方の水準にあるいくつかの市場が一体化するところから生じる市場だが、地方の水準の市場の各々はさらに、いくつかの地域的な市場が縫い合わされるところから生まれ、しかも地域的な市場もまた、多くの地元密着的な市場の歴史的な結合の帰結である、という具合に。これらの異なる規模をもつ経済単位の各々は、それよりも大きい規模のものと部分‐全体の関係にある（有機体の種に対する関係性のように）、個的な特異性とみなされなくてはならない。ダイアグラムとその普遍的な特異性の社会的な事例とはどのようなものか。

マックス・ウェーバーは、彼が理念型と呼ぶものの観点から、社会的実在のための分類法を導入した。たとえば、階層秩序的な組織にかんする分析では、権威が正当性を獲得していくところにおいては三つの異なる状況があることを発見した。まずは、（組織化された宗教のように）聖なる伝統や習慣を参照することであり、あるいは、（官僚制におけるように）合理的で合法的な手続きに従うことであり、さらには、（小規模な宗教集団におけるように）カリスマ性のある指導者が厳然として存在することである[8]。私はこの分類法を別の章でも使用し、三つの類型をさらに詳細に論じることにする。しかしながら、この点に関しては、それら三類型の存在論的な地位を明確にするのが重要である。というのも、「理念型」という用語は本質を示唆しているようにおもわれるからだ。だが、権威構造にかんするダイアグラムを導入することで、本質を除去することが可能である。この可能性の空間には三つの普遍的な特異性が存在しうるが、権威構造は、特異性の各々が規定する「極限形態」において、具体的に現われることになる。空間の次元、つまりは、権威構造の自由度には、序列のなかに位置づけられる部署や地位が在任者からどれほどはっきり切り離されているかを示す度合い（合理的で合法的な形態の場合もっとも明確に切り離されているが、その次が伝統的な形態で、一番切り離されていないのがカリスマ的な形態である）が包含され、また、組織の活動がどれほどまでに手順化されたものとされているかを示す度合い（カリスマ的な形態では、手順化の度合いがもっとも低いが、他の二つは高度に手順化されている）が包含されている。

要するに、個的な特異性も普遍的な特異性も、集合体の方法が本質なしで作動するのをそれぞれのやり方で可能にする。それらはまた、この方法における分析的手法の適切な使用法を規定する。分類学的な本質主義においては、分析の役割は純粋に論理的であり、たとえば、類をその構成部分である種へと、必然的な差異を連続的に発見していくことをつうじて分解していくのであるが、集合体の理論では、分析は論理を超えたものとなり、現実への因果的な介入をともなうことになる。それはたとえば、有機体のなかで組織が被る損傷であり、細胞の内部での酵素の汚染であるが、そのことで、全体の行動に及ぶことになる影響が発見されることになる。こういった介入は必要である。なぜなら、諸部分のあいだの因果的な相互作用は非線形的であるかもしれず、したがって、その錯綜を注意深く解きほぐさなくてはならないからであり、さらに、研究対象となる実体は、異なった空間的規模で展開する諸部分から構成されるかもしれず、ゆえに正しい規模が設定されねばならないからだ[9]。要するに、集合体の理論における分析は概念的ではなく因果的であり、所与の空間的な規模で作動している実際の力学の発見にかかわっている。他方で、集合体のダイアグラムを規定するトポロジー的な構造は、実際的でなく、潜在的で、力学とは独立しており、さまざまな実際の力学において実現化されうるものであるため、さまざまな形式の分析が要請される。相空間の数学は、可能性の空間を構造化する準因果的な制約をあきらかにするのに動員されねばならない形式的な素材の一つにすぎない[10]。因果的および準因果的な分析の形式は、集合体の理論では相補的に使用される。古典物理学の例に戻ろう。この分野は、一八世紀までにはすでに「最小限の原則」（すなわち、最小点という形態における普遍的な特異性）を発見していたのだが、各々の別々の場合において実際の最小限化が達成されることになる因果的な力学への探究が実りあるものとなることはなかった。準因果的なトポロジー的な制約だけでなく、産出的な因果的関係もまた、古典的な現象にかんする全般的な説明の一部分である。この洞察が妥当なものになるのは、生物学と社会学のより複雑な事例が問題になるときである。

　分析の因果的な形式と準因果的な形式は相補的であるとはいえ、本書では、因果的形式を重視する。実際のところ私は、可能なときにはいつであっても具体的な集合体の内的な動作の事例を提示するつもりだが、それでも、因果的な力学のすべてを詳細に描写するつもりはない。他方で、これらの力学をいかにして適切に概念化すべきかを明確にすることは重要である。社会的な全体が、その部分の相互作用から生じてくるような場合には、とりわけ重要である。創発の力学にかんする問いは、社会理論に重大な影響をおよぼすが、というのも、ミクロとマクロのあいだの連関という問題に直接作用するからだ。この扱いにくい問題は何十年ものあいだ解決できないままであったが、なぜならば、つねに間違ったやり方で問題設定されてきたからだ。集合体の理論は、問題を正しく構成するための手助けとなり、それが順次解決されていく道筋を明示することになる。その解決は、関係するあらゆる力学の詳細を示すことをともなう。

マクロとミクロ、全体と部分

問題を正しく提示することは、なによりもまず、社会的な過程がミクロとマクロの二つの水準のいずれかにおいてのみ起こるという考えから脱却するということを意味している。とりわけこうした水準が、「個」と「社会全体」のような物象化された一般性の観点から把握される場合には、そこから脱却しなくてはならない。前の章で提示した国民市場の事例は、「ミクロ」と「マクロ」のいずれでもとらえられない規模が存在するかもしれないことを示している。この場合には、「ミクロ」と「マクロ」の二つの用語は、二つの固定した規模の水準と結びつけられるべきではなく、具体的な部分と、なんらかの所与の空間規模で結果として創発してくる全体とを指示するために用いられるべきである。したがって、所与の地方的な市場は、その構成部分である地域的な市場との関係においては「マクロ」であるが、国民市場との関係においては「ミクロ」なものとして考えられることになろう。同じ手法は、最小規模のもの（個々の人）と最大規模のもの（領域国家）を媒介的な規模をもつ様々な実体を介して橋渡しすることによって、「全体としての社会」を取り除いていくのに活用できるだろう。事実、現代の社会学者たちは、ミクロとマクロの連関をただこういった観点から組み立てることを提案し、この二側面のいずれかを重視するという長い伝統から離脱しようとしている。[11] 全体の諸特性が諸部分の相互作用から創発するということを各々の規模において示さなければならないとしたら、この手法は、存在論的な「下からの積み上げ方式」として描き出すことができるだろう。だが、個々の人を一番下の水準にあるものと想定するのであれば、下からの積み上げ方式の手法は、ミクロ経済学の方法論的個人主義へと私たちをむかわせるのではないか。けっしてそうではないのだが、それにはいくつかの理由がある。

なによりもまずは、方法論的個人主義は物象化された一般性（「合理的な個人」）を引き合いに出し、それを原子論的なやりかたで使用する。つまり、個々人は自分たち自身で合理的な決定をする、というわけだ。集合体の理論では、人はいつも個体群の部分として存在し、そこでたえず相互作用している。だがそれよりも重要なのは、人の同一性はミクロ経済学においては当然のことと見なされているのに対し、集合体の理論では、人の同一性はサブパーソナルな構成要素のあいだでの相互作用から創発してくるものとして提示されねばならない、ということだ。サブパーソナルな構成要素がそもそも何であるのかは次の章で明確にしていくが、さしあたっては、そうしたものが存在していることを指摘し、必要とあれば、最小限の社会的規模のものとして考えることができると指摘しておけば十分である。さらにいうと、集合体の理論は、この創発しつつある主体性を、人がより大規模な集合体の部分になっていくのにつれて複雑化していく集合体として把握するという点で方法論的な個人主義から離れている。彼らは、会話において（そして他の社会的な出会いにおいて）イメージや人物像を提示し、ネットワークにおいてインフォーマルな役割を担い、組織においてフォーマルな役割を獲得し、そしてこれらの役割と同一化し、この役割を自分たちの同一性の一部分にする人物像と同一化する。いいかえると、より大規模な集合体がその構成部分の相互作用から創発するにつれて、諸部分の同一性には新しい層が積み重なり、それにともない創発してくる全体が諸部分に反作用し、影響していく。

さしあたっては、主体性の創発を適切に説明できるとするならば、ここからどこへ進むことになるのか？　もっとも低い水準から上方へと移動するのに、国民市場の実例で示されたのと同じ手続きを使うことができるのか？　この事例で問題になるのは、継起する空間的な規模のあいだの関係性は単純なもので、マトリョーシカ人形やからくり箱に似ている、ということだ。だが、部分と全体の関係がこのように単純であるということはめったにない。人々はたとえば、対人的なネットワークと制度的な組織という二つのまったく違う集合体の構成部分になることができる。組織は、三人の核家族から、五〇万人もの人間を雇用する多国籍企業にいたるまで、広大な規模の範囲にわたって存在している。家族は共同体のネットワークの構成部分になる傾向にあるが、他方で、大きめの組織には、友人や同僚のネットワークといった様々なネットワークを構成部分として含むものがある。対人的なネットワーク（専門家ネットワークのような）のなかには、組織を横断していくものがある。いかなる組織の部分にもならないネットワークもあるが、大きな組織のなかに入り、構成部分として機能するネットワークもある。このいずれも、単純なマトリョーシカ人形のような関係ではない。

　同様の複雑な事態は、より大きな規模で発生する。対人的なネットワークは、多くの社会正義運動の背景をなす共同体の連携のように、大規模な集合体を出現させるかもしれない。同じく、制度的な組織は、国家、地方（provincial）、そして地区（local）の規模で展開する政府組織の階層秩序のような大規模な集合体を形成していく傾向にある。ここでの状況を、マトリョーシカ人形が単に二つの別々の線へと分岐したというようにして描き出すこともできようが、それも誤りである。社会運動は、成長し、しばらくのあいだ永続きするようなときには、それを安定化させ、特定の機能を果たすために、一つかそれ以上の組織を発生させていく傾向にある。特殊な関係団体の場合にはロビー活動であり、あるいは労働組合や労働者アソシエーションの場合には集団争議である。つまり、社会運動は、対人的なネットワークと制度的な組織の混成体である。そしてこのことは、政府の階層秩序についてもあてはまる。それらは、中央で決定された政策を実施することができるよう、その各々の管轄区域の規模で、非政府組織とのネットワークを形成できていなくてはならない。

これらの大規模な集合体のすべては、個体群の部分として存在している。つまり、対人的なネットワーク、組織、連合体、政府の階層秩序の個体群の部分として存在している。これらの個体群の成員のなかには、街区や都市や領域国家のような物理的な場において相互作用を営んでいるものもあるが、他方では、情報機器や輸送技術のおかげで距離をへだてて互いに相互作用する、分散的な形態をとることもある。物理的な場それ自体は、空間的な実体であるが、単純なやり方で互いに関係していく傾向にある。街区は、多くの居住、商業、工業、政府の建物で構成されている。都市は多くの街区で構成されている。そして領域国家は多くの都市だけでなく、田舎の村落と無住地で構成されている。だが、この見た目の単純さは、物理的な場にそこで起こる反復的な社会的活動を付加するとき、消滅する。したがって所与の都市は、街区だけでなく街区に住みついている共同体と組織を構成部分として含んでいる。それはまた、分散している形態で存在している多くの対人的なネットワークを含んでいるが、そこには、はっきりと規定され地元に根ざした共同体を構造化しないネットワークだけでなく、（市場のように）階層的な構造を欠いており、明確に規定された空間的管轄区域や同質的な内的構成を欠いている組織が含まれている。

しかしながら、部分と全体という関係性が、このすべての複雑な事態に適合するものとして適切に概念化されるのであれば、「全体としての社会」のような物象化された一般性を、多元的な規模を持つ社会的現実に置き換えることが可能であると考えておくことは可能である。なによりもまず、全体は諸部分のなかでの相互作用から創発するとはいえ、ひとたび全体が存在するようになれば、これらの部分に影響をおよぼすようになる。哲学者のロイ・バスカーが論じているように、創発してくる全体が「実在的であるのは、当の対象物を形づくっている素材に対して、その対象物自体が逆に作因として働きかける力をもっているからである」[12]。いいかえると、所与の規模で発生している社会的過程を完全に説明しようとするためには、全体の創発の背後にあるミクロとマクロの力学だけでなく、全体がその構成部分に制約と資源を与えるマクロとミクロの力学をも明確にする必要がある。こういった制約と資源は、部分が新たに行動するのを促していく一方で、部分にできることを制限する[13]。緊密に編成された共同体を特徴づけるネットワークにおいてはたとえば、その成員は、身体的な保護と手助けから感情面での支援と助言におよぶさまざまな資源を利用できる。だが、同じ密度のつながりが、構成員の足かせになるということもありうる。反故になった約束、未払いの賭け金、ありがた迷惑といったことは、緊密なネットワークでは噂となってすぐ拡散する。それは、こうしたつながりが、内々の規範を作動させる力学として作用するのを可能にする特性でもある。同様に、多くの階層秩序的な組織には莫大に貯蔵された資源を利用することができるが、それらの資源は、権威構造において特定の形式的な地位を占めている人物にも利用可能である。だが、こういった形式的な地位の権利と義務を規定する規制は、現職者の行動に対する制約となって作用する。全体にある制約と助力の能力は、行使されないままであるかもしれないので、全体はその構成部分に機会とリスクを提供すると述べたほうが適切であるかもしれない。つまり、資源を使用する機会（見過ごされるかもしれない機会）であるか、もしくは、制約に違反するというリスク（負われることのないかもしれないリスク）を提供する、というように。

低密度に拡散している対人的なネットワークや意思決定が中央集権化されていない組織のように、明確に規定された同一性がなく、はっきりとした境界や同質的な構成をもたない集合体が問題になるとき、以上の考察はなおも有効だろうか。答えは然りだが、いくつかの重要な違いがある。とりわけ、大なり小なり脱領土化された集合体――前に導入した用語を使うとするならば――は、その構成要素を制約する力を減退させているとはいえ、なおも資源を提供できる。全員がお互いのことを知っていてさまざまな役割のもとで相互にかかわるような高密度のネットワークでは、行き交っている情報はすべての参加者によく知られたものとなる傾向がある。新しい情報の断片はおそらくはネットワークの構成要員からではなく、ネットワークの外にいる人から、つまりは、弱い紐帯を介してネットワークの成員とつながっている人からやってくる。弱い紐帯の力にかんする有名な議論の基礎にはこういうことがある。[14] より多数の弱い紐帯からなる低密度のネットワークは、この理由のために、その構成要員に、つかの間の機会にかんする新しい情報を提供してくれる。他方で、分散型のネットワークは、強い紐帯の力を規定する他の資源（危機に際しての真実など）を提供することができない。[15] それらはまた、内々の規範の遂行といった制約を提供することができない。その結果、連帯の度合いは低いものとなるが、これが意味するのは、他のやり方で埋め合わされるのでなければ分散型の共同体は政治的な動員が難しく、他の共同体との相互作用を引き起こしていく要因となる行為体として作動することがなくなっていく、ということである。

地元密着の市場のように意思決定が中央集権化されていない制度的組織についても同じことがいえる。国民市場（さらにはデパート、スーパーマーケットなど）が出現する前には、市場がそこの成員に資源を供給してきた。市場のおかげで、農村の住民には彼らの商品を販売する機会が与えられ、街の住民には商品を購入する機会が与えられた。さらに、地元密着の市場は、「人々が出会い、会話を交わし、罵り合い、口論から暴力沙汰に及ぶ」ような場所でもあり、「政治に関するニュースやその他のニュースが流布するのもそこにおいてである」[16]。言い換えると、市場とは、互いに弱くつながっている人々に新しい情報を交換する機会を与えてくれる場所であった。それらはまた、商品が取引されるときの価格が需要と供給にしたがって非人称的に決定されるという意味で、行動を制約するものでもあった。売り買いの決定は意図的におこなわれるが、価格は、これらの意図的な行為が集合していくところにおいて意図せざるものとして現れてくる帰結として生じ、行為者を制約するものとなる[17]。だが価格は、公式的な規制よりも弱い制約であり、いかなる場合にも、経済的な権力をもたない売手と買手を制約するだけである。

全体には、その諸部分に可能性をあたえつつ制約を課する能力があるというだけでなく、諸部分が相互作用するとき行使される、因果的な能力がある。したがって、すでに述べたように、ネットワークで構造化される共同体は政治的な連携を形成すべくネットワークのなかで相互作用するが、より大規模な政府の階層秩序のなかの部分となって相互作用するものもなかにはあるかもしれない。

これらの大規模な集合体は、創発してくる全体そのものといっていいだろう。つまり、政治的な連携の部分であるということのおかげで、共同体は、数の多さと統一性から導き出される正当性のような資源を獲得するが、そのせいで共同体は、連携の全体が求めることに同意した目的のためにのみ闘争せねばならないという制約をうけることにもなる。国家規模の政策の実施に参加する、地元に根ざした調整役の人物は、中央政府から金銭的な援助をうけとるが、他方で同時に従属的な立場において行動するよう法律により制約される。しかしながら、これらの提携(alliance)と従属化は、大規模な集合体の結果ではなくて集合体を構成する人々の活動の結果であるという反論もあるかもしれない。提携をつくりだすのは、自分たちの共同体の代表者として活動している人々であって、国家規模の管轄権をもつ政府機関が、地区規模の管轄権をもつ別の機関へと及ぼす影響力はつねに個々の当局者により行使される、というように。だが、人々の集合体は人々の活動によって相互作用せねばならないことを認めつつ、これらの大規模な実体にはそれらに固有の因果的な能力がそなわっていると主張することは可能である。そうした妥協案を可能にするのが、冗長的な因果性(redundant causality)の概念である。

具体的な社会過程を説明するとき、発端となる行為者がミクロな構成要素であるかマクロな構成要素であるかは、ただちには明らかにならないかもしれない。マクロな水準で問われる過程にかんして多くの等価な説明が存在するというのであれば、その点ははっきりさせることができる——たとえば、活動的な人々からなる特定の集団のあいだでの交渉が事実上創出していた共同体の連携と同じものが、他の別の活動的な人々のあいだでの交渉によって創出できたというのであれば、話は簡単である。いいかえると、いくつかのミクロな原因は同じ結果に帰結するためミクロな細部にかんする説明は不要であるというのであれば、創発してくる連携を全共同体のあいだでの相互作用の帰結として説明してもよいということになるかもしれない[18]。同じく、大規模な組織は、組織を横断する過程を説明するのにふさわしい行為者であるといえるかもしれない。ただしそのためには、その権威構造において特定の役割にある人々を入れ替えても組織の政策と日常的な業務は不変のままであることを条件とする。そうした入れ替えはもちろん、専門性を尊重せねばならないが（経営者は他の経営者と入れ替えられ、経理は他の経理と入れ替えられ、技術者は他の技術者と入れ替えられる）、組織の創発してくる特性と能力が、そういった変化のあとでも概ね同じであるのなら、組織の横断性の結果を特定の経営者や経理や技術者に言及しつつ説明しても、多くの他の専門家に言及するときとほとんど同じ結論になるばあいには、それは余計なことかもしれない。

そして同様のことは、より大規模な集合体についてもいえる。都市は、農村地帯からの移民や水や農地といった天然資源や経済的な投資をめぐって争うことで、お互いに因果論的に相互作用する。たとえば大都市は、みずからをとりまくものに対して「因果的な影響」をおよぼすことができる。つまり、その影響圏内に新しい街が形成されるのを、人々、資源、貿易の機会などを奪うことによって抑止する、というように。だがもちろん、それはこうして相互作用することのできる物理的実在としての都市ではなく、市場と政府組織、さらには商人、投資家、移民といった住民の活動の拠点としての都市である。だからこそ、一つの都市の中心が他の都市の成長を抑止することのきっかけになるのは、都市での活動を担う人たちのあいだでの相互作用であるといってもよいのではないか。なぜなら、もしも私たちが商人を別の商人と入れ替え、市場を別の市場と入れ替えるといったことをするならば、きわめてよく似た抑止効果が達成されるかもしれないからだ。他方で、もしもこうした入れ替えがまったく異なる帰結に行き着くのであれば、それは問題となっている現象がより小さな規模で作動している力学で説明されねばならないことの証拠であり、かつ、そこには原因だけでなく理由も、さらには動機も関係していることの証拠でもある。

したがって、個々人よりも規模の大きな社会的集合体には客観的な実在性がそなわっている。なぜなら、そうした集合体はみずからの構成部分である人々に対して因果的に影響をおよぼし、彼らを制限したり手助けするからであり、そして同じ規模の他の集合体に因果的に影響をおよぼすからである。これらの集合体は、その因果的な能力を対内的かつ対外的に行使するために、人々を相互作用の媒体として使わねばならないが、そうした事実があるからといって、社会的集合体の存在論的な自律性が危うくなるとはかぎらない。ちょうど、人々が物質的な世界と相互作用するために彼らの身体部分のうちのいくつか（たとえば手や足）を使用しなくてはならないという事実があるからといって、こういった解剖学的な構成部分に対する身体そのものの相対的な自律性が危うくなるのではないのと同じことである。そして同様のことは、より大きな規模についてもいえる。都市が戦争するというのは、都市国家の時代には繰り返し起きた出来事であったが、そのとき都市はその軍事的な組織を媒介にして因果的に相互作用する。この相互作用が組織のあいだで起こるものとみられるべきか、それとも都市の中心部のあいだで起こるものとみられるべきかは、因果的な冗長性の観点から問われるべき問題である。もしも戦争が長期化するか大きな規模で戦われ、組織の規模でなされる戦略的な決定は都市がもつ物資（徴兵、武器の調達、食料供給）の消耗よりも重要でないというのであれば、戦争は、都市の中心部のあいだでの相互作用をともなうものとみるのが道理にかなうということになる。なぜなら、軍事組織の任意の集合を他の集合と入れ替えたところで、結果はほとんど変わらないままであるからだ。軍事組織は、戦争している都市（あるいは領域国家）の相互作用が起こることになる媒体とみなすことができるが、それはちょうど、軍隊の異なる部局にいる個々の司令官が、組織そのもののための相互作用の媒体になっているのと同じである。

集合体の理論を、多重の規模をもつ社会的現実を適切に説明できるものとするべく明確化するには、さらに三つの調整をほどこす必要がある。一つは、創発性の概念そのものを明確にすることである。本章冒頭で私は、物象化する一般的な区分を回避する一つの戦略は、最終的な生産物の特徴となる特性の一覧ではなく生産の過程を強調することであると述べた。事実、これは正しいのだが、特定の集合体の歴史的誕生という、最初の創発の背後にある過程を重視するあまり、集合体の誕生と死とのあいだの同一性を維持しなくてはならない過程を疎かにすることになりかねない。いかなる組織も、管理職と雇用されている人間の間で進行する相互作用を欠くならばその同一性を保つことができないだろう。いかなる都市も、政治的、経済的、宗教的な組織のあいだで進行している交換なしではその同一性を保つことができないだろう。いかなる国民国家も、首都と他の都市的な中心地帯とのあいだでの恒常的な相互作用なくしては存続できないだろう。専門用語を用いるとするなら、領土化の過程は、集合体の同一性を各々の空間的な規模で歴史的に生産するために必要とされるというだけでなく、脱領土化という不安定化の過程をまえにしてこの同一性を維持するために必要とされるということができよう。

第二の明確化は、第一のものと関係している。前の章で私は、集合体はつねに反復的な過程によって産出され、つねに個体群において存在すると述べた。なんらかの規模の集合体の個体群が存在すると、これとは別の過程が、この個体群の成員をみずからの構成要素へと取り込んでいく大規模な集合体を発生させる。この言い分は、現実の歴史的な推移を意味していないのであれば正しい。そもそもの組織が最初に創発するときには、それに先立ち存在している人の個体群が活用できるのにもかかわらず（もちろんそれらは自然状態においてではなく、すでに対人的なネットワークに結合されているのだが）、ほとんどの新しく生まれた組織はすでに存在している他の組織に属している人々を雇う傾向にある。[19] わずかな例外をのぞいて、組織は、既に他の組織でみたされている世界において存在するようになる。そのうえ、全体に先行して存在しなくてはならない部分が存在する一方で、すでに存在している全体を維持する過程によって発生する部分も存在するかもしれない。都市は対人的なネットワークと組織の個体群で構成されているが、これらの個体群が都市の創発に先立って存在せねばならないというほど話は単純ではない。事実、ほとんどのネットワークと組織は、すでに存在している都市の部分となって存在するようになる。

第三の明確化は、特定の社会過程の説明と関連している規模をめぐる問いと関わってくる。本章で私が論じたように、関連性をめぐる問いは、因果論的な冗長性の概念をつうじて解決されることもある。だがこれは、説明がつねに単一の空間的な規模をともなうことを意味しない。戦争におけるナポレオン革命は、戦争を、比較的局地的な消耗戦をつうじて遂行されるものから、国家資源の全体が動員されることになる殲滅戦にもとづくものへと変容させたが、これは多様な規模の説明を要する過程の好例である。ナポレオン革命は、都市の規模と国家の規模で起こる因果的な変化をともなう（フランス革命は、高価な傭兵ではなくて、動員された市民軍を最初に編み出した）。つまり、組織の規模においては原因と理由が変化し（巨大な軍隊を、歩兵と騎兵隊と砲兵隊をそれぞれ保有する自律的な分隊へと分割していく）、人物という規模においては理由と動機が変化したが、というのも、ナポレオンの戦略的な才覚とカリスマ性は、彼が対人的なネットワークで影響力のある地位にいたことのために強化されたことが理由となって、決定的な触媒の役割を果たしたからである。

ここまでの議論を要約しておく。非有機的、有機的、社会的な集合体の存在論的な地位は、独自で特異的で歴史的に偶然的で個的なものである。「個的」という用語は個人を意味することになるとはいえ、その存在論的な意味においては、個人という現実の規模には限定されえない。生物学的な種は、動物と植物の有機体を成員とする一般的な区分ではなくて、有機体をその構成部分とする大規模な個的実体であるが、それと同じく、大規模な社会的集合体にも、個的実体という存在論的地位が付与されるべきである。個的なネットワークと連携、個的な組織と政府、個的な都市と国民国家、というように。この存在論的な操作のおかげで私たちは、こういった個的実体のすべては私たちの精神から独立し客観的に存在するということを、本質や物象化された一般性にはまったく関与することなくして認めることができるようになる。他方で、こうした操作が作動するためには、本質という概念にとってかわる部分‐全体の関係性を、細心の注意をはらって明確にしなくてはならない。全体がその部分とのかかわりにおいて自律的であるということは、全体が部分に対し、制約しつつ支えになるというようにして影響を与えるという事実からみても明らかであるし、かつ、全体が互いに相互作用するときその部分へと還元されることはなく、ゆえに構成部分の細部を含む相互作用の説明は不要であるという事実からみても明らかである。最後に、集合体の存在論的な地位は二面的である。実際の実体としては、すべての異なる規模をもつ社会的集合体は個的な特異性だが、いかなる所与の時間においても集合体へと開かれている可能性は、普遍的な特異性の配分によって、実際的ではないが潜在的な集合体のダイアグラムによって制約されている。

空間的規模と時間的規模

部分と全体の関係が、こうしたことのすべてにおいて果たすことになる役割は決定的なものであり、だからこそこの章の結論のためにも、この関係の二つの側面をはっきりさせておきたいと思う。これまでは、ただ空間的な規模の問題について考察してきた。つまり、多くの部分で構成されていることで空間的に広大になる規模について考察してきた。だが、私が出発点として用いた事例である生物学的な種は、長大な時間的規模でも展開する。すなわち、種はみずからを構成している有機体よりも長期間存続するというだけでなく、ゆっくりとした速度で変化する。したがって、第一の問題は、社会的な集合体における部分と全体の関係にも同様の時間的側面が存在するのか、というものだ。そうであるならば、生物的な領域にも社会的な領域にも、規模を問わないやり方で作動するようにみえる特殊な実体という問題があることになろう。これらは、私が第一章で言及した特別な表現の系列であるが、そこには遺伝的な実体と言語的な実体が含まれる。一方で、遺伝子と単語は、人間の身体と精神よりもミクロである。他方で、それらはマクロな過程に影響をおよぼすこともできる。遺伝子は、総体としての人間の種を規定し、単語は、人間の大半に対して信仰するよう求めてくる宗教を規定することができる。第二の問いは、これらの特別な集合体は、部分と全体の関係にいかにして影響をあたえることができるのか、というものだ。

社会的な集合体の重要な時間的側面のうちの第一のものは、社会的な集合体を変えることのできる出来事の相対的な持続性である。持続的で意味のある変化を引き起こすのにかかる時間は、人びとにおけるよりも組織におけるほうが、組織におけるよりも都市におけるほうが、長くなるのではないか。ここで私たちはまず、社会的集合体のなかでの因果的相互作用が人為的ないかなる意識的介入をともなうことなく引きおこす変化（意図的な行動が集団化していくところにおける意図せざる帰結として引き起こされる変化）と、よく考えられた計画の結果ひき起こされる変化とを、区別しなくてはならない。最初の事例は、繰り返される相互作用の産物がゆっくり蓄積されていく過程をともなう。たとえば、一七世紀から一八世紀にかけてのヨーロッパでは、多くの組織の権威構造は、伝統的な正当性に依拠する形態から、合理的で合法的な官僚的な手続きに依拠する形態へと変化していった。その変化はただ政府の官僚機構だけでなく、病院、学校、刑務所に影響を与えた。しかしながら、詳細に研究するならば、変化は、日常的な業務の集合が別の業務の集合へと二世紀の時間をかけてゆっくりと置き換えられていくことをつうじて起こったのであって、考えぬかれた計画はいかなるものもみいだされない。この置換えは、正当性への渇望に突き動かされて起こった他の組織における変化を、自分の組織のなかでただ模倣しようとするかもしれない人物のような個々人が下す決定を含んでいたとはいえ、下される決定のひとつひとつは、ほとんどの場合、結果を説明するのには因果的にみて不要である。その結果は、一つの組織の成員のあいだで繰り返される相互作用の帰結であると考えたほうが、よりよく理解できる。同様のことは、都市の居住地についてもあてはまる。貿易と、移民や投資をめぐる競争をつうじた街のあいだでの相互作用は、長大な期間におよぶ結果をもたらすが、小規模であるが決定的な利点が蓄積されていくか、あるいはみずから刺激を生じさせていく原動力が決定的な差異を増大させていくことを可能にする時間的余裕が生じるかもしれない。

したがって、戦略的な計画を参照することでは説明できない変化においては、意味のある変化が起こるためには、比較的長期の時間規模が期待されるということになる。だが他の場合についてはどうだろうか。組織的ないしは都市的な規模で計画された変化は、個々人の意思決定に特有の持続期間で説明できるのか。この事例において持続する重要な変化は、内側で貯えられた資源の動員をつねにともなうことになるが、エネルギーや貨幣といった物質的な資源だけでなく、連帯や合法性といった表現的な資源でもある。変化の対象となった社会的実体が大きければ大きいほど、動員されねばならない資源の量は大きくなるといってもかまわないと、私は信じている。資源がつねに稀少であるとするならば、空間的な規模はそれにみあった時間的な帰結をともなうことになるが、というのも、必要な手段はすぐには利用可能とならないかもしれず、時間をかけて集積される必要があるかもしれないからだ。さらに資源の動員は、所与の規模におけるさまざまな既得権益に対抗して行われねばならないが、そういった権益は、伝統と先例から、特定の変化によって影響されるかもしれない人たちの頑迷な利害関係におよぶ。このことは、変化の空間的な規模が大きければ、関係する人びとのあいだでの提携はより広いものでなければならず、変化への彼らの関与がより持続的なものでなければならないということを意味する。このことを、異なった空間規模をもつ二つの事例で説明してみたい。一つは、組織のなかで、組織そのものを変えるために遂行される資源の動員であり、もう一つは、組織の階層秩序において、街区や街全体の規模で変化を誘発するために遂行される資源の動員である。

　第一の事例である、組織の内部における変化は、組織が急速な技術発展に追いつくことが求められるということで、説明できるかもしれない。新しい技術の利点と危険性にかんする専門家による正確な評価があれば、組織は、外からの圧力に内的な変化を合わせていくのに十分なほどの速度で変わることができるのか。あるいは、より単純化していうと、組織に利用できる資源を意志の力で動員することができるのか。大規模で複雑な組織では、これは可能ではないだろう。組織の作動様式における変化がもたらす影響は、部門が違えば異なっており、交渉をつうじて克服されねばならない内側からの抵抗を発生させることになるだろう。これらの交渉における成功の可能性は同じく、権威構造におけるフォーマルな役割が、被雇用者で形成される対人的なネットワークのインフォーマルな役割とどれほどまでに重なっているかにかかっている。ネットワークの特性（結節点の中心性や評判など）がフォーマルな権威と適合するのに失敗するなら、資源の動員において、対立と膠着状態に陥ることとなろう[20]。これが意味するのは、被治者へと服従するよう命令できる人びとが変化への決定をくだす場合においてさえも、共同行為の複雑さのために、中央で決定された計画の実施が遅れることになり、したがって、組織の変化の時間が長引くことになる、ということである。

中央の決定と交渉し、承諾をえる必要があるときに生じる時間のずれの影響は、国家政府の政策が都市の水準で引き起こす変化の例でのように、広大な空間規模においていっそう明白になる。立法、行政、司法の組織によって決定される政策の実施にはとりわけ、官僚のような多くの他の組織が参加する。政策目標を、実際の手続きや綱領や法令へと変換していくとき、これらの行為者には、決定権を行使できる。したがって、所与の政策目標に彼らを関与させていく必要があるが、この関与は、熱烈な関心から完全な無関心というように、参加者が違えば様々である。このために、欠くことのできない交渉がおこなわれるとき、実施の過程が遅くなる。こういった実施の遅滞は、逆に、そもそも関与していなかった行為者たちが、綱領の一部分に対する立法権が自分たちにあるということを自覚し、問題となっている政策が自分たちの利害と衝突するということを評価するだけの時間的な余裕があることを意味している。もしもこれらの他の行為者が関与するなら、解消されねばならない厄介なことがいくつも加わることになり、実施の過程がややこしくなる。したがって実施は、変化していく政治的現実にあわせてそもそもの目標を繰り返し調節していく過程になるが、その調節の各々では、交渉と同意の確約が遅れるということがありうる。歴史的にいうと、政策のそもそもの目標の達成に失敗するということには、「実施の機構が、合意が存続しているうちにそれを確実なものとするほどにまで早く作動することが出来ない[21]」ということが反映されていた。

社会的集合体の時間的側面の第二のものは、それが比較的長く続くということである。人間の生命よりも長くは存続することのない社会現象を言い表すのに「制度」という言葉があまり使用されないのであってみれば、社会の長期的な持続性は、社会学における根本的な問題である。人びとは普通、前から存在している制度（それは制度的な規範でありかつ組織でもある）の世界で生まれ、これらの同じ制度の多くをあとに残して死んでいく。だが重要なのは長さだけではない。社会的集合体の同一性を絶えず維持する過程は、様々に異なる空間的な規模と相関している特徴のある存続期間を産出するのかどうかを知りたいと、私たちは思うだろう。言い換えると、大規模な空間的延長は、長期の時間的持続と相関しているのか。それへの答えは、単純な相関性はない、というものだ。対人的なネットワークの持続期間は様々である。拡がっている友人ネットワークは、それらを構成している人物たちよりも長くは持続しないが、近接して生活している隣人たちを緊密に結び合わせるネットワークは、その部分である人々の死をこえて長く生きながらえていく共同体を産出する。制度的な組織の持続性もやはり様々である。持続性の度合いの低いレストランの存続期間は平均的にはわずか数年だが（この事実ゆえに、それらは組織の世界における「ミバエ」のようなものと風評されている）、宗教、政府は、何世紀ものあいだ存続可能で、さらには経済組織でさえそうである。同様に、都市の持続性は様々である一方で、数千年も存続している場合もあるが、それらのほとんどは、そこにある組織の多くよりも長続きする傾向にある。最後に、大規模な帝国のような領域国家には、少なくとも都市と同じくらいに長く存続することを可能にする弾力性を示すものもあるとはいえ、国民国家は始まってからまだ間もないために、それらがどれほど長続きするかを知ることはできない。したがって、ときには空間的な規模と時間的な規模が相関することがあっても、そうとはならないこともある。他方では、人びとよりも大規模な社会的集合体のほとんどは大抵その人びとよりも長く存続することになりがちだが、乳幼児死亡率が減少し、平均的な人間の余命が増大している現代においてさえそうである。

濃密な対人的なネットワークの場合、それらが比較的長く存続することの理由は、その連続性が地域住民の連続する世代の重なり合いによって保たれているということで説明できる。同様に、階層秩序的な組織の場合、職員の変更はけっして全面的ではない。つまり、日々の業務に習熟している職員と新しく雇用された職員が重なり合っている。だが、この時間的な重なり合いに加え、世代をこえた記号情報の伝達がある。つまり、特定の共同体にかかわる伝統と習慣にかんする情報や、特定の階層秩序的な組織における当局者の地位を決定するフォーマルおよびインフォーマルな規則にかんする情報の伝達である。言語的な素材をこうして伝達することのおかげで社会的集合体の同一性は維持されることになるが、それはちょうど、遺伝的な素材の流れのおかげで生物学的な同一性が維持されることになるのと同様である。前の章で述べたように、これらの特殊化された表現の媒体は、それ自体、集合体として考察されねばならない。つまり、単一の一般的な実体としてではなく、部分と全体の関係にある具体的な個別の実体の個体群――それは、個別の音、言葉、文章の個体群であり、個別のヌクレオチド、遺伝子、染色体の個体群である――となって惑星に住みつく集合体として考察されねばならない。

他方で、これらの集合体は、二通りの意味で特別である。まずは、それらには可変的な複製が可能である。つまり、遺伝子的な素材の場合には、物理的な鋳型の機構による複製であり、言語的な素材の場合には、社会的拘束による複製である。自己複製子の個体群は、なんらかのフィルターや選択の装置と結合されるとき、時間をかけた変化を導き、過去の重みが現在へと作用することを可能にする。選択の装置が進化を適応にむけていくときには、自己複製子の個体群は、学習する機構として、環境における変化をみずからの内的な変化を手がかりにして探知する手段として、作動することができるようになる。第二の場合には、これらの特殊化された集合体には、多数の空間的な規模で同時的に作動することが可能である。遺伝子は細胞のなかで活動的であり、器官の機能を左右し、全体の有機体の行動に影響をおよぼすが、遺伝子の流れへの障害は、種の再生産的な孤立の要因となる。言語は、人のもっとも内密な信念、会話の公的な内容、小規模な共同体の口伝えの伝統、大規模な組織と政府全体の文書化された規約を形づくる[22]。言語的な複製子の流れのおかげで、さまざまな空間的規模で作動している集合体もまた複製するかもしれないが、それはちょうど、組織が異なった場所にあたらしい部門を開き、その活動を規定する日常的な業務を新しく雇用される職員へと伝達するため、既にいる職員の一部を送り込むようなときである。だが、言語的な複製子の流れは、同じ共同体の一つの世代から別の世代へ向かい、一つの組織からあたらしい部門へ向かうというように、つねに「垂直的」である必要はない。あまり再生産的ではないあり方で孤立させられたミクロな器官におけるように、この流れは「水平的で」、社会的集合体の同一性を保持するのではなくて変更していく、異質な業務、手続き、儀礼を導入するかもしれない。

　こうした特性は、遺伝的そして言語的な集合体を、普通ではない集合体にする。だがたとえ特別であっても、それらは他の構成部分との外在性の関係に入る構成部分でしかないと考えなくてはならない。これらの諸関係が、関係させられている諸部分の同一性そのものを構成する内在性の関係として把握されるとき、遺伝子も言葉も本質へと退化する。言語の場合、この操作を体現するのは、経験の言語性という命題である。すなわち、さもなくば未分化のままの現象学的な領野が、一般的な用語の意味によって分割された実体へと切り分けられていくという考え方である。多くの場合、一般的な区分の意味はあまりにも型にはまったものであるため（とりわけ、ジェンダーや人種の区分におけるように、それらが人びとの集団に当てはまる区分であるばあいには）、経験の言語性という命題は、知覚が社会的に構成されているということを意味している。[23] この章の冒頭部分で、一般的な区分は現実世界のなにものにも差し向けられないのであって、そのように信じることは（つまりそれらを物象化するのは）直接に本質主義へと帰結すると論じた。社会構成主義は、一般的な区分が単なる紋切り型であることを示すことによってその物象化への動きを封じるという意味で、解毒剤になるはずであった。だがこの立場は、知覚はそもそも言語的であるという考え方を、経験の内容だけが本当に存在するという存在論的な想定と結合させるのであれば、社会本質主義の形態に直接的に帰結する。後の章で、社会的集合体の詳細な分析を段階的に大きな空間規模へと段階的に展開させていくとき、こうした危険を念頭に置かねばならないが、とりわけ最初に個々の人がサブパーソナルな構成要素の相互作用からいかにして現れてくるかを説明しようとするときにはなおさらだ。というのも、サブパーソナルな構成要素のすべてが言語的なものになるとはかぎらないからである。

注

（1） Aristotle, *The Metaphysics* (Buffalo, NY.: Prometheus Books, 1991), p. 155.〔アリストテレス『形而上学（全集12）』出隆訳、岩波書店、一九六八年、二五〇頁〕

（2） 「〔一つ、一、統一〕と言われるものどもに、（一）それの付帯性において一つと言われるものと、（二）自体的に一つと言われるものとがある。（一）付帯性において一つであると言われるものどもの例は、（1）「コリスコス」と「教養的なもの」とが、またこれらと「教養的なコリスコス」とが、一つであると言われるがごとき、（というのは、「コリスコス」というのも「教養的なもの」というのも「教養的なコリスコス」というのも同じ一つのもののことを言っているのだからである）、または（2）「教養的なもの」と「公正なもの」とが一つであると言われるがごとき、または（3）「教養的なコリスコス」と「公正なコリスコス」とがそう言われるがごときである。これら（1、2、3）はすべて付帯性において一つであると言われる」（Ibid., p. 97〔同書、一四四頁〕）。

（3） 「したがって、類の種より以外のいかなるエイドスにも本質なるものは存しないで、ただこうしたものども〔類の種〕にのみ存するであろう。けだし、これらは、（一）或る他の基体に「与かるによって」存在すると説明されうるようなものではないと考えられており、また（二）〔白さが人間の〕或る限定であるというようには説明されえず、（三）或る付帯的な術語でも説明されえないものと考えられているからである」（Ibid., p. 136〔同書、二二四頁〕）。

（4） Michael T. Ghiselin, *Metaphysics and the Origin of Species* (Albany, NY: State University of New York, 1997), p. 78.

（5） 相空間の存在論的な側面と認識論的な側面にかんするさらなる議論は Manuel DeLanda, *Intensive Science and Virtual Philosophy* (London: Continuum, 2002) の第1章を参照のこと。

（6） ドゥルーズがダイアグラムをもっとも包括的に論じたものとしては、Gilles Deleuze, *Foucault* (Minneapolis, MN: University of Minnesota Press, 1988), pp. 34-41 and 71-2.〔ジル・ドゥルーズ『フーコー』宇野邦一訳、

河出文庫、二〇〇七年、六八－八七頁、一三四－一四〇頁〕を参照のこと。

そこでは、可能性の空間の構造は、相空間の作図において用いられる微分幾何学の空間である「多様体」と呼ばれることがある。ドゥルーズはときに「多様体」と「ダイアグラム」を同義語として用いている。したがって彼は「どんなダイアグラムも、一つの空間－時間的多様体」であると述べる（Ibid., p. 34〔同書、六九頁〕）。だが彼はさらに相空間の数学をともなうことのない別の定式化をおこなっている。したがって彼はダイアグラムを、力の諸関係の配分や、影響を及ぼしそして影響を受ける能力の配分を表出するものと定義する（Ibid., pp. 71-2〔同書、一三六頁〕）。能力は、行使されることがなくても存在しているかもしれないため（それらが可能性として存在しているかもしれないため）それらは可能性の空間を形成し、そしてダイアグラムは、この空間が持つことになる構造のいかなるものをも表出する。別のところでは、彼の定義はこの空間形態から逸脱する。彼によれば、物質的な役割と表現的な役割の区別（あるいは、内容と表現の区別）がはっきりしている集合体とは違い、集合体のダイアグラムには形式化されることのない機能と形を成していない物質が含まれている。これが意味するのは、ダイアグラムには、表現的なものと物質的なものが分化していない抽象的な構造があるが、ダイアグラムが具体的な集合体において様々に現実化するときになってようやくこれらの分化が発生する、ということである。したがって、ダイアグラムの地位をめぐって考える方法の一つは、具体的な集合体の十全な脱領土化の産物としてそれを考えることである。というのもそれは、物質的なものを表現的なものから分化する（領土化ないしは現実化）の過程とは反対の過程であるからだ（Gilles Deleuze and Félix Guattari, *A Thousand Plateaus* [Minneapolis, MN: University of Minnesota Press, 1987], p. 142〔ジル・ドゥルーズ、フェリックス・ガタリ『千のプラトー』宇野邦一他訳、河出書房新社、一九九四年、一六三頁〕）。

最後に、「多様体」と「ダイアグラム」が互換的に用いられる一方で、ときにそれらは別々の実体に対応している。一方には、可能性の空間の構造があり、他方には、絶対的な脱領土化、抽象機械、ないしは準因果的な演算子がある、というように。これらの観念と関係性にかんする詳細な説明は、DeLanda, *Intensive*

Science and Virtual Philosophy の二章と三章を参照のこと。

（7） ドゥルーズは、ここで私が述べている多重の規模の社会存在論には同意していないため、これらの実体（対人的なネットワーク、制度的な組織、都市など）の各々に特有のダイアグラムがあるとは述べていない。逆に、彼はダイアグラムが「社会的領野の全体と共通な広がりをもつ」（Deleuze, *Foucault*, p. 34〔『フーコー』、六八－六九頁〕）と主張している。ドゥルーズは、「社会的領野」の実例として、現在の「規律的社会」、それに先立つ「王権社会」、「未開社会」、「封建社会」といったものをあげている（Ibid., p. 34-35〔同書、六八－七二頁〕）。私が提示している社会存在論では「全体としての社会」や「社会的領野」などというものは存在しないので、ここで私はドゥルーズと決定的に袂を分かっている。

これは、この本で使われている「ミクロ」と「マクロ」の用語が、ドゥルーズのいう「分子的」と「モル的」に対応しないということを意味している。だがいくつかの点では、対応しているといえるかもしれない。存在しうるあらゆる規模の水準で、一方には、ミクロな実体の個体群がある。すなわち、個体群のなかで広まる特定の構成要素がどれだけであるかを示す比率のような特性や、成長率のような強度的特性を特徴とする個体群がある。そして他方では、これらの個体群のうちのいくつかの成員が、規則化され習慣化されたより大規模なマクロな実体へと、入り込んでいくかもしれない。個体群に属する実体は「分子的」なものと捉えることができるだろうが、大規模な集塊に入り込む実体は「モル的」なものと捉えることができるだろう。とりわけ、マクロな実体が高度に領土化されている場合には。こうした見解は違いを和らげるが、違いを完全に取り除くことはない。分子的なものとモル的なものについては、Deleuze and Guattari, *A Thousand Plateaus*, p. 217〔『千のプラトー』、二五〇頁〕を参照のこと。

（8） Max Weber, *The Theory of Social and Economic Organization* (New York: Free Press of Glencoe, 1964), pp. 328–60.

（9） William Bechtel, Robert C. Richardson, *Discovering Complexity: Decomposition and Localization as Strategies in Scientific Research* (Princeton, NJ: Princeton University Press, 1993), pp. 52–59.

（10） Gilles Deleuze, *The Logic of Sense* (New York, Columbia University Press, 1990), p. 160.〔ジル・ドゥルーズ『意味の論理学（上下）』小泉義之訳、河出文庫、二〇〇七年、上二九四－二九五頁〕他方でドゥルーズはときに、ダイアグラムについて、集合体をその効果とする原因のようなものとして論じている。かくして彼は書いている。「ダイアグラムは、統合されることのない内在的原因……関係を実現する具体的な集合体にとっては原因のようなもの……として作用するのである」(Deleuze, *Foucault*, p. 37〔ジル・ドゥルーズ『フーコー』七三－七四頁〕)。

（11）「最近の一〇年、社会学の分野では、昔からあるジレンマが新しい形のもとで復活した。残念ながら、ジレンマそのものの解決にはなんの関係もなかったのだが。個人主義的な理論と集団主義的な理論のあいだでつづく対立は、ミクロ社会学とマクロ社会学の対立へとつくりかえられた……手始めに、ミクロなものを個人と同じとみなすのは決定的に誤りであるといっておきたいが、それはじつのところ、ミクロとマクロの差異に対応する相関関係の適当な規模を見出そうとする試みでしかない。ミクロないしはマクロそのものの経験的な指示対象は存在しえない。それらは分析的な対称性であり、経験される単位において創発してくる水準を示唆するのであって、敵対関係にある経験的な単位そのものを示唆することはない。」(Jeffrey C. Alexanderin, 'Action and its environment', in Jeffrey C. Alexander, Bernhard Giesen, Richard Münch, Neil J. Smelser [eds], *The Micro-Macro Link* [Berkeley, CA: University of California Press, 1987], pp. 290-91)

この論集に掲載された別の文章では、別の社会学者がこう書いている。

「ミクロとマクロのあいだでのような根本的な区別は一般的で分析的なものでなければならず、固定された事例へと結びつけられてはならない。この基準によれば、個的な人や家族や企業がそもそもミクロなもので、国家や経済が一貫してマクロなものであるというように捉えられてはならない。むしろ、ミクロなものとマクロなものの記述は互いに相関的であり、とりわけ、目の前にある分析的な目的と相関的である。所与の家族の成員（自己）の一般的な地位と役割は、自己と特定の血縁集団の成員との関係からみるとマクロなものかもしれないが、自己が婚姻のシステムで果たす系統的なものの地位と役割からみるとミクロなものであるかもしれない。そして婚姻のシステムは、神話の循環からみるとミクロなものであるかもしれない。労働者が仕事でおぼえる充足感は、彼ないしは彼女の子どもにたいする精神的なストレスからみるとマクロだが、彼ないしは彼女の仕事の質からみるとミクロであるかもしれない。そしてこの仕事の質は工場や支局の道徳性や効率性からみるとミクロかもしれないが、こうした道徳性や効率性は企業の財務状況からみるとミクロであり、企業の財務状況は産業の競争力や国家経済ないしは国際経済の景気循環からみるとミクロである。そして、競争力や景気循環は、時代のイデオロギー的な精神からみるとミクロである。」(Dean R. Gerstein, 'To unpack micro and macro: link small with large and part with whole', ibid., p. 88)。

（12） Roy, Bhaskar, *A Realist Theory of Science* (London: Verso, 1997), p. 114.〔ロイ・バスカー『科学と実在論——超越論的実在論と経験主義批判』式部信訳、法政大学出版局、二〇〇九年、一四三頁〕バスカーの実在論はドゥルーズの実在論ときわめて近接しているが、いくつかの面で、それと食い違う。なぜならバスカーは、本質主義者であることを自認しているからだ。バスカーは次のように書いている。

「一般に科学では、一群の事物が一つのクラスにまとめられ、同じ名称を与えられるためには、それらの事物が実在的本質を共有しているとの前提が必要である。ただし、その実在的本質が何であるかは必ずしも知られている必要はない……化学者がダイヤモンドやグラファイトや黒炭を一括して捉えるのも、それらの物質がある共通の実在的本質をもつと確信しているからである。それは炭素の原子（ないし電子）構造と規定されうるものであり、ダイヤモンドやグラファイトはその同素体であると考えられている。」(Ibid., p. 210.〔同書、二六八－二六九頁〕)

（13） Peter Hedström and Richard Swedberg, 'Social Mechanisms: an introductory essay', in *Social Mechanisms: An Analytical Approach to Social Theory*, (eds) Peter Hedström and Richard Swedberg (Cambridge: Cambridge University Press, 1998), pp. 22-3.

著者たちは、三つの異なるメカニズムの類型を提案している。マクロとマクロ、ミクロとミクロ、ミクロとマクロの三つである。第一の類型は、大規模な社会学的現象をともなう社会状況（所得ないしは権力の人口における配分といったこと）と個々の社会的行為者のあいだの関係にかんする説明にかかわりがある。大規模な過程においてはたとえば、行為者が異なればそれに応じてつくりだされる機会とリスクも異なってくるので、行為者たちはその機会とリスクを行動の理由の一部分として考慮に入れなくてはならない。第二の類型はおもに、特定の決定をおこなうことを説明する心的過程（動機のばあい）や、習慣の形成・感情の産出・信念の獲得の背後にある過程（理由のばあい）といった社会心理学的なメカニズムに注意をむける。最後に、第三の類型は、個々人のあいだでの、集団的な帰結をもたらす相互行為を左右するメカニズムに注意をむける。

問題なのは、「ミクロ」と「マクロ」という用語がそれぞれに絶対的な意味で用いられているため、「ミクロ」が個々の人物にかかわり、「マクロ」が社会全体を記述することになってしまう、ということである。だが、集合体理論では、ミクロレベルとマクロレベルのあいだの区別は規模に対して相対的である。区別を相対化するということは、ミクロとミクロというその第三の類型のメカニズムが消滅しうるということを意味しているが、というのも、いかなる所与の規模においてもそれはより小さな規模におけるミクロとマクロのメカニズムへと帰着することになるからだ。そして私たちがマクロとマクロのメカニズムと呼ぶものについても同様である。「マクロ」が「全体社会」を意味するばあい、全体と全体のあいだの相互作用を考える必要はなくなる。だが、区別が相対化されるやいなや、インターパーソナルなネットワークや制度的組織といった、個々の人物から形成される全体が、全体として相互に作用することを考える必要がある。しかしながらマクロとマクロという用語は不要である。というのも、より大きな規模におけるミクロとマクロの事例へと帰着するからだ。

（14） Mark Granovetter, *Getting a Job: A Study of Contacts and Careers* (Chicago, IL: The University Of Chicago Press, 1995).

（15） David Krackhardt, 'The Strength of Strong Ties: The Importance of Philos in Organizations, in *Networks and Organizations*, (eds) Nitin Nohria and Robert G. Eccles (Boston, MA: Harvard Business Review

Press, 1994), pp. 218-19.

(16) Fernand Braudel, *The Wheels of Commerce* (New York: Harper & Row, 1979), p. 30.〔フェルナン・ブローデル『交換のはたらき1』山本淳一訳、みすず書房、一九八六年、一五頁〕

(17) ヨーロッパの歴史において、(封建領主の決定を通じたものとは反対に)価格が非人称的に決まるようになったのが正確にいつであるかをめぐっては、論争の余地があるだろう。ブローデルは、「われわれが知っている、あるいは推定できる物価は、一二世紀にはすでに、変動する物価なのである。このことは、「近代的な」市がすでに成立していたことを証明している。時として、それらはたがいに連携し合い、組織や、都市間の連絡のきざしを示すことがある」(ibid., p. 28.〔同書、一二頁〕)。

(18) Alan Garfinkel, *Forms of Explanation* (New Haven, CT: Yale University Press, 1981), pp. 58-62.

(19) 社会学者のアンソニー・ギデンズが論じているように、創発性の特性をもつ物理的実体(銅、錫、ときにはリード線のような部分の特性の総和をこえた特性をもつ金属合金である青銅のような実体)の構成要素とは違い、社会的な集合体の部分が純粋な形態になるということは稀である。青銅の構成部分が、ひとつにまとまり合金を形成するのに先立ち分離した状態で存在すると想像するのは容易ではあるが、「有能な職員として認識される人間という行為者は、銅や錫やリード線のように互いに分離して存在しない。それらは、融合や連合によって新しい実体を形成すべく無から生じて一緒になるのではない」(Anthony Giddens, *The Constitution of Society* [Berkeley, CA: University of California Press, 1986], p. 171-2.)。

　したがってギデンズは、創発性の概念を、そもそもの創発にのみ当てはまるものではないことを捉えた点で正しい。だが彼は、創発性の概念を手放すことが、全体と部分の関係を放棄し隙間のない網の目へ向かうことを意味していると考えた点で、誤っている。青銅の例は、エミール・デュルケームが、社会の創発的な特性の存在を論じたときに用いられている(Emile Durkheim, *Rules of Sociological Method* [New York: The Free Press, 1982], p. 39〔エミール・デュルケーム『社会学的方法の規準』宮島喬訳、岩波文庫、一九七八年、三一頁〕)。

（20） Paul DiMaggio, ‘Nadel’s Paradox Revisited: Relational and Cultural Aspects of Organizational Structure’, in *Networks and Organizations*, p. 132.

（21） Jeffrey L. Pressman and Aaron Wildavsky, *Implementation* (Berkeley, CA: University of California Press, 1984), p. 92.

（22） 規模を越えて展開するこの能力は、遺伝子と言語的な素材のいずれもが、それらを部分とする実体のいかなるものより「さらにミクロ」であることを考えるなら、驚くべきことである。だがドゥルーズとガタリは、この表現の「分子化」を、ミクロなものとマクロなもののあいだのより複雑な関係を産出する能力を遺伝子と言葉に与えるものとみなしている（Deleuze and Guattari, *A Thousand Plateaus*, p. 59〔ドゥルーズ、ガタリ『千のプラトー』、七九頁〕を参照のこと）。

（23） Peter L. Berger and Thomas Luckmann, *The Social Construction of Reality* (New York: Anchor Books, 1967).

第三章　人とネットワーク

創発してくる主体のモデルとしての経験論

人は、社会科学に研究できる最小の分析単位ではないが——個人的な経済取引といった行為は、分析の単位として活用できるが——、ここで考察される最小の規模の社会的集合体である。たしかに人はサブパーソナルな構成要素の相互作用から創発し、これらの構成要素のいくつかは正当にも最小の社会的実体と呼ばれている。この問題を解決できるかどうかはさして重要なことではない。私たちはただ、下から上へとむかう存在論的なモデルのための出発点を必要としているのであって、人という規模は、便利な手がかりをあたえてくれるだろう。他方で、目的となるのは、主体性や意識といったことにかかわるすべての哲学的な問題——おそらくは、今後も長らく哲学者たちを困惑させ続けることになる問題——を解決するということではないと、最初にいっておかねばならない。必要とされているのは、集合体の理論の枠組みに適合する、主体にかんするもっともらしいモデルである。経験の内容の只中で外在性の諸関係が確立されていくのにともない創発してくる主体にかんするモデルである。ドゥルーズ自身が以前に論じていたように、そういったモデルにふさわしいすぐれた候補は、経験論として知られる哲学の学派に見出すことができる。

経験論の伝統は、たいていはそれが認識論的な主張をしていることを理由に想起される。とりわけ、言葉にかんする知識をも含めた全ての知識は究極的には感覚的な印象に還元できると主張していることのために想起される。あるいはこの主張は、感覚的な経験があらゆる知識の基礎になる、ということでもある。だがドゥルーズがデイヴィッド・ヒュームの著作のなかに発見したのは、そういった時代遅れの基礎づけ主義的な認識論よりもっと興味深い何ものかである。それは、経験の言語性（linguisticality）という命題にもとづく支配的なモデルに代わりうる、主体性の発生というモデルである。経験論的なモデルは、主体の経験を、なによりもまずは判明（distinct）で分離可能（separable）な感覚印象という観点から概念化する。これらの印象から私たちが引きだす観念（いくつかの言葉の意味を構成するかもしれない観念）は、社会的な慣習を介して印象と関係するのではなく、印象の直接的な複製である。観念が印象と区別されるのは、観念が印象よりも強度が低いからというのにすぎない[1]。集合体の理論の観点からみると、印象の各々の類型——視覚、聴覚、嗅覚、触覚というだけでなく、自尊心や謙譲から愛や憎しみにいたる複数の情念といったもの——には、特有の独自の特異性がある。ヒュームが述べているように、これらの印象の各々は、「根源的な存在である[2]」。このことは、印象が異種混淆的であり、お互いに独自のものであることを保証している。さらに経験論では、印象が特異なものとしてあつかわれる。そのため、言語に基づくモデルとは区別されるが、なぜならこのモデルにおいては、特殊な印象が、一般的な区分に属するものとして分類され、その区分内で何かについての印象として認識されるからである。

　他方で、何らかの過程が、これらの特異な印象と観念に一定の一体性を与えなくてはならない。たとえこのことが、その統一性と恒常性の度合いを高めることを意味するのだとしても。よく知られているように、この過程は、観念の連想である。それは外在性の関係としてモデル化できるのだろうか。外在性の関係の好例は、原因がその結果におよぼす作用であるということについては、すでに論じた。同じ理由により、形式的な演算子が引数におよぼす作用も、好例となる。主体性の場合には、観念に作用する特定の演算子が観念のあいだに連想の連関をつくりだし、その過程で、主体の経験を総じて一貫したものにする。より具体的にいうと、（空間ないしは時間における）近さという関係をつうじて観念を習慣的に寄せ集め、類似という関係をつうじて観念を習慣的に比較し、原因と結果を、知覚される恒常的な結合によって習慣的に対にするといった手続きが、個別の観念の緩やかな集積を、創発する特性のそなわる全体へと転じていく。これら三つの演算子が観念のあいだに設定する連想的な関係は外在性の基準を満たすが、というのも、これらの関係は観念そのものが変わらなくても変わるかもしれず、観念の特性は、観念に適用される操作を説明するのに用いられることがないからである[3]。

　これら三つの演算子（近さ、類似、原因と結果の結びつき）は、あらゆる人間に共通のものと考えられねばならない。つまりヒュームによれば、「人間本性の根源的性質[4]」である。共有される「人間本性」について語るといっても、本質主義への肩入れを意味しているとみなすべきではない。というのも、人間という種は、人間という有機体と同じくらいに偶然的な歴史的産物であるからだ。種の広い範囲にみられる特性は、有機体や個人の特性よりもかなり長いあいだ存続するため、出来事を有機体の時間規模で考察するときには、たしかにその特性は「定まっていて必然的な本性」をもつものと考えられるかもしれない。だが、この固定性と必然性は、種の特性のより緩やかな変化率や高度の生殖隔離がひきおこす、「目の錯覚」のようなものである。他方で、種の広い範囲にみられる主体性の特性を説明する過程は、個々の文化に所属する個々人の特徴である多くの特性を除外する。したがって、原因と結果の習慣的な連想のおかげでいかなる人間主体であっても手段を目的へと合わせることができるようになる（つまり、実践的な問題を解決できるようになる）一方で、目的の選択は、完全に情念によって決まる。すなわち、満足をあたえるかもしくは肯定的に評価される情念と結びつく目的であるなら習慣的に追求されることになり、苦痛をあたえるかもしくは否定的に評価される情念と関連する目的であるなら習慣的に回避されることになる[5]。この二重の過程から創発する主体はプラグマティックな主体だが、その行動を説明するには、伝統的な価値のような理由を根拠としたり、個人の動機を述べることが求められる。私たちは、主体性の創発のこのモデルを、ドゥルーズ自身の言葉を用いて要約することができるだろう。

精神を一個の主体に変形するもの、精神のなかで一個の主体を構成するもの、それは人間的自然の諸原理であるということだ。それらの原理は二種類ある。一方は連合諸原理であり、他方は情念の〔諸性質〕という諸原理であって、後者の諸原理は、あるいくつかの点では功利性の原理という一般的な形式で提示されうるだろう。主体とは、以下のような審廷のことである――すなわち、功利性の原理の結果＝効果のもとで、目的や意図を追求し、目標を目指して諸手段を整え、そして連合諸原理の結果＝効果のもとで、諸観念のあいだにもろもろの関係を設定するといった審廷のことである。こうして、集合はシステムへと生成する。諸知覚の集合は、それらの知覚が組織され、関係づけられるとき、システムへと生成するのだ[6]。

物質的な役割を担う構成部分と表現的な役割を担う構成部分とを区別し、安定性を付与する過程と不安定化する過程とを区別することで、この秩序立った実体を集合体として捉えることができるかもしれない。物質的な役割を実行するのは、感覚的な印象の産出の背後にある、身体の機構である。すなわち、人間の情念と感情の広い範囲にむけられている身体の構えの基調となり、三つの連想的な演算子を神経学的に実現化する機構である。ヒューム本人は、これらの機構の本性について考えることを拒否したのにもかかわらず、根源的印象が「身体組織や精神的生気（animal spirit）から、あるいは対象が外的感覚器官へ作用することから[7]」創発すると信じていた。これらの機構だけでなく、連想的な連関の絶え間のない産出に集中的な注意という形態で関わってくる活力や労力といったものを、考慮せねばならない。他方で、表現的な役割を担うのは、言語的および非言語的な構成要素である。後者の主要な例は、感覚的な印象と感情的な印象の両方から導き出される観念である。以前に述べたように、観念と印象の連関は表象的なものではない。すなわち、慣例や規約で媒介されるものではない。観念は印象を直接に表現する。ヒュームが述べているように、「われわれが暗闇で心にいだく赤の観念と、日向でわれわれの目に入る赤の印象とは、ただ〔生気の〕程度においてのみ異なり、質においては異ならない」[8]。

集合体に安定的な同一性を付与する重要な領土化の過程は習慣的な反復である。ヒュームによれば、習慣は、意識的な反省というよりはむしろ、観念の連合を維持する強力な力であり、人格の同一性は、習慣的ないしは習性的な連合がつねに維持されているかぎりにおいて安定している[9]。したがって、観念のあいだで定まった連想が創出されるということに先行している状態（すなわち、観念が精神錯乱状態でのようにして連関されている状態）へ主体を逆行させる過程はなんであれ、人の同一性を不安定にする。こういった脱領土化していく過程の事例を発見するのは難しくない。そこには、狂気、高熱、中毒、感覚の喪失、さらには日々の日課を攪乱するのを目的とする計算づくの拷問行為——たとえば強制収容所の囚人に対して行使される——といったものが含まれる。これらの過程は、主体が同一性を喪失することのきっかけになることもあれば、あるいは少なくとも、深刻な不安定状態を生じさせることのきっかけになることもありうる[10]。

他方で、安定性の喪失だけでなく、能力の拡張もまた、人の同一性の脱領土化を引き起こすかもしれない。ここで私たちはヒュームより先へとすすみ、習慣や習性といったことに加え、新しい技能の獲得がおよぼす効果のことを考慮に入れなくてはならない。たとえば、小さな子供が水泳や自転車に乗るのを身に付けるとき、新しい世界が新しい印象と観念と一緒になって経験にむかって開かれてくる。この新しい技能のおかげで、新しい乗り物に乗って家から遠くに出かけたり、あるいは海のような以前には行くことのできなかった空間に入ることで古い習性を断ち切ることができるのであれば、この技能は脱領土化を促すものとなる。要するに、新しい技能は、影響を及ぼす能力と影響を受ける能力を上昇させる。あるいは言い換えると、自転車と硬い地面の一部分と重力場とともに人間身体が形成する新しい集合体へと入り込んでいく能力を上昇させる。もちろん、学ぶ過程を新しい方向へと進め続けていかないなら、新しい技能の行使はすぐにでもお決まりのものとなる。さらにいうと、厳格な習慣は、線形的な因果性とその定まった結果とを結びつけるのには十分であるかもしれないが、より適応的で柔軟性のある技能を要する非線形的な因果性を扱うのには十分でない。

最後に、言語的である表現的な構成部分が担う役割にかかわる問題がある。これらは、内在性の関係に対する制約条件――以前にも述べたように、言語に構成的な役割を付与する新カント主義の立場を除外する制約条件――に配慮しつつ、導入されねばならない。さらに、言語は人間という種の進化の歴史では比較的遅くに出現したということをも、考慮に入れておかねばならない。知性をもつ種としての私たちは、原因と結果の関係にかんする蓄積された知識をもちいて、環境からの挑戦に数千年ものあいだ首尾よく対処してきた。ヒューム本人は、目的を手段に合わせる能力は、人間の能力に限定されるものではなく、「彼ら自身の保存と彼らの種の繁殖のために」[11] その能力を用いる他の動物において観察できると論じている。したがって、集合体の理論と整合的であるためには、言語に関するいかなる説明であっても、言語のそもそもの創発を、知性の原初的な非言語的形態に立脚させて説明することができなくてはならない。他方で、言語が最後に創発するときには、それがもつ巨大な連結の生産力をつうじて知性のふるまいの原初的な諸形態を強化した。連想主義者の方法にまつわる困難の一つは――それへの批判者がしばしば指摘する困難のことだが――、一つの単純な観念からより複合的な観念へと移行するのをどう考えるのか、である。ヒュームの説明では、たとえば、リンゴにかんする複合的な観念は、特定の色、形、匂い、味などに対応する単純な観念を結合することで産出できるかもしれない。だが、連想の連結能力は、言語のそれと比較するなら、とてもかなわないだろう。有限数の単語が収録されている辞書があれば、一組の文法規則でちゃんとした文章を無限の数だけ産出するのが可能である。[12]集合体の理論の観点からいうと、言語の連結的な生産能力を連想主義の生産能力に付加しても、それを説明してくれる文法理論（実際そうした理論がいくつか存在している）が進化可能であることを証明できるのであれば（すなわち、文法が仮定する形式的な演算子が、主体性の原初的な非言語的な形式から創発するのが可能というのであれば）、何の問題もない。[13]

要求のすべてをみたす言語理論が存在すると仮定するなら、人という規模における言語の主要な効果は、信念を形づくることである。ヒュームの説明によれば、所与の観念を信じるかそれとも信じないかの違いは、単に強度の問題である。[14]観念が印象を低い強度で複製したものであるとするならば、観念を信じることはただ観念を印象へと近づけていくことでしかない。なぜなら、ヒュームによると、「同意される観念は、虚構的な観念とは、異なって感じられる（feels different）」[15]からだ。信念を感覚として考えるというのは、言語の役割を強調する現代の哲学者たちの考え方とは、まったく対照的である。第一章で述べたように、信念は、命題にたいする態度として、つまりは事実にかかわる事柄を（正しくかもしくは誤って）述べる文章の意味にたいする態度として、考えられねばならない。平叙文が、言語の連結的な生産能力の重要な事例であり、集合体の理論のなかでこの生産能力が現実のものとして受けいれられているのであれば、命題的な態度として信念を定義することの是非をまじめに検討しなくてはならない。他方で、これはヒュームのような考えを除外するものではない。なぜなら私たちは強度の異なる度合いに応じてこういった態度をとることができるからで、多くの場合、社会的な行動をうながすのは、対応している命題よりはむしろ所与の信念の強度だからだ。したがって、殉教が永遠の報いを確実にもたらすと信じていれば大義のためにすすんで死のうとする人もいるかもしれないが、自分たちを生贄に捧げようというこうした意志は、信念の特殊な記号内容よりはむしろその信仰心の強度と密接につながっている。なぜなら、行動が変わらなくても記号内容のほうが変わりうるからだ。記号内容よりも強度のほうが重要であるということは、欲望のような他の命題的態度においてよりいっそう明瞭であるが、それらは、たとえ永遠の救済への欲望の場合におけるように命題的なものへとむけられるかもしれないとしても、まさしくヒュームが考えているとおりの観念（特定の味や音、特別の視覚経験への欲望）をその対象とするだろう。

集合体の理論のなかで主体性をどうしたら論じることができるかを、手短にまとめてみた。これですべてが言い尽くされたなどとはけっしていえないとはいえ、それでも、出発点を提供するものとしては十分といえる。サブパーソナルな構成要素（印象、観念、命題態度、習慣、技能）の集合体から創発してくる主体もしくは人には、社会的に行為するというだけでなく、プラグマティックに（つまり、手段を目的にあわせるというようにして）行為するのにふさわしい能力がある。つまり、意識的な決定をともなう必要のない、習慣もしくは慣行にかかわるさまざまな理由のために、目的を選択するという能力がある。他方では、集合体を産出する過程はつねに反復的であること（それらは常に個体群をつくりだすということ）を考えるならば、人のあいだの相互作用から創発してくる主体性の諸側面のことをすぐにでも付言しなくてはならない。これらの相互作用のうちのいくつかは、たとえきわめて短い存続期間のものであっても、集合体のなかで起こるものとみなされることになろう。これらのはかない集合体は「社会的出会い」と呼ぶことができるかもしれないが、社会的出会いの多くの異なる類型から、特に関係のあるものを抽出することができよう。それは、二人ないしはそれ以上の人のあいだでの会話である。

集合体としての会話

この観点からみてもっとも重要な研究の代表は、社会学者のアーヴィング・ゴッフマンの仕事であるということは、明らかである。彼は、いかにして人が会話によってみずからの個性を層状に上書きしていくかを研究した。それは、他者との出会いにおいて人々が投げかける公共的な面影や人格であるが、その像は、彼らが何者であるかよりはむしろ、彼らがどのようでありたいのかということと関連している。ゴッフマンの会話分析は、なによりもまずは外在性の関係性を強調しているものであるため、集合体の方法に役に立つ。彼は自分の主題となる問題を次のように定式化する。

それは、人間が一緒にいる（co-presence）あいだに、一緒にいることによって起こる出来事である。究極的に行動としてとらえられる素材は、人々が意図するにせよしないにせよ、その状況のなかにあいついで持ちこむ目くばり、身ぶり、相手に対する位置、言葉である。これらが意識傾向と関与[16]――通常、社会的組織と関連させて考察されることのない心身の状態――の外に現れた仕草である。

さらにいうと、ゴッフマンの方法は、構成部分には還元できない会話の特性――つまり、関与や注意が適切に払われなければ脅かされるかもしれない儀式的均衡をもつ特性――を強調する。儀式的均衡を脅すもののわかりやすい例は、言い間違い（発音の誤りや言葉の誤用、必要とされるときに言葉を口にすることができない）やエチケット違反（どもりの人をからかったり、誤って述べたことを理由に人を嘘つき呼ばわりする）といった当惑させる出来事である。というのも、こういった出来事は、注意を会話それ自体から参加者たちがお互いに順守している規範へとそらすからだ。そういった脅威が起こるとき、人を当惑させるのは、状況そのものである。誤りをおかした参加者は、体面を取り繕うのを他の参加者が許さないときにはとりわけ恥ずかしいと感じるだろうが、他方で他の参加者は、その出来事そのものに当惑するかもしれず、そうなると状況の全体がだめになり、修復されねばならなくなる。修復を要する度合いがどれほどであるかは、破綻の強度の度合いと直接に連動している。ゴッフマンが書いているように、恥をかかせる出来事が起こるとき参加者は「儀式的不均衡または不名誉の状態」に置かれ、「彼らにとって満足のいく儀式的状態を再確立する努力が、なされなければならない[17]」。

集合体としての会話には、物質的な役割と表現的な役割という両面を実行する構成要素がそなわっている。主要な物質的な構成要素は、一緒にいるということである。空間において正しく集合させられ、お互いの言っていることを聞くのに十分なほどに近接し、お互いに身体的に向かいあわされている人間の身体である。他の物質的な構成要素は、会話が進行していくことを可能にするのに必要な注意と関与であり、さらに、儀式的不均衡を修復するのに費やされる労力である。普段の会話では、この労力は単純な習慣から成り立っているかもしれないが、他の場合には、手際良さ（他人が当惑を感じないですむようにする能力）と平静（潜在的に当惑をひきおこしうる状況にあって自らの落ち着きを維持する能力）といった技能を行使できることが要請される。[18] これらは、物質的な役割をはたす、最小限の構成要素である。だが、技術の発明（電話やコンピューターネットワークのようなもの）のおかげで、ちゃんと身体的に一緒にいるということが不必要になり、いくつかの物質的な構成要素（空間的な近接性）が消滅することになるかもしれないが、それでも、技術的な機器そのものだけでなく、多くのそうした機器をつなげるために必要とされるインフラといった他の要素は増加することになるかもしれない。

会話の内容を作り上げている単語の流れが重要な表現的な役割を果たしているのはあきらかであるのにもかかわらず、会話に参加している参加者の全員が、顔ばせや身のこなし、手際良さと平静の行使（ないしはそれらの失敗）、主題となる事柄の選択や多くの他の手段をつうじて、特定の公共的な人格を要求していることを表現している。独自性を要求していることの表明は、細心の注意をはらっておこなわれなければならない。つまり、投影された像が他人のせいで簡単に傷つくようなものであってはならない。いかなる会話であっても、その参加者に、自分たち自身にかんする好ましい情報を表現する機会を提供するが、さらに、好ましくない事実を表現するというリスクを提供することにもなる。この情報は、その人の評判の一部をなすものとなるために、次の出会いで表現してもさしつかえない独自性への要求に、影響をあたえるかもしれない。公的な人格への要求を表現可能にしてくれるさまざまな手段は、これらの集合体の非言語的だが表現的な構成要素の主要なものを構成している。

会話を領土化するのは、空間と時間における境界線を確定するふるまいの過程であるということができるかもしれない。会話の空間的な境界線はとりわけはっきりと確定されている。その理由の一つは、一緒にいるということが身体的に要求されるということであるが、参加者自身がお互いを正当な相互行為者として承認し近くにいる人が会話を邪魔してくるのを阻止するというのがもう一つの理由である。ゴッフマンが述べているように、「相互的な承認の過程が起こるとき、そのようにして承認された人々は、いわば会話の状態へ入ることになる。つまり彼らは、話し言葉での会話のために互いに対して開かれているということを正式に宣言し、言葉の流れを維持することを一緒に保証しているのである[19]」。会話にはさらに、時間にかかわる境界線があるが、それを確定するのは、話を開始して終わらせていく慣例的なやり方だけでなく、話のあいだの進行を規定する時間的な秩序である。

会話を不安定にしたり、境界を不明瞭にする出来事、ないしは出来事の連鎖は、脱領土化を生じさせていくものとして考えることができるかもしれない。当惑や侮辱は、前者の例である。公共的に受け入れられる自己像を求めているということが会話で伝達されているのであれば、これらの公共的な像にたいするいかなる毀損も、状況を安定的に保つことへの潜在的な脅威である。ゴッフマンは、侮辱の強度の超えてはならない一線を論じているが、その一線を超えた後にはたとえば平静を取り戻すのが不可能になり、当惑が参加者のすべてに伝わって、会話が崩壊する。[20] さらに、ざっくばらんな会話を激烈な議論へと変化させ、状況がどうにもならないならば会話をさらにつかみ合いの喧嘩へと転化させていく出来事もある。こうした出来事も、脱領土化を生じさせていくものである。最後に、会話が遠距離間でおこなわれるのを可能にする科学技術の発展は、会話のあり方に影響をあたえるが、それは会話を他の種類の社会的出会いの形式へと変化させることによってではなく、空間の境界を曖昧にし、参加者が一緒にいないということをさまざまな仕方で埋め合わせていくことによってである。

これらの集合体において言語が果たす役割は、そこのやりとりで伝達されるものが言葉と文であるということを考えあわせてみるならば、はっきりする。だが、前の章で論じたように、言語的な実体には意味作用（signification）と意義（significance）があり、意味のこうした二つの次元——一方は記号的（semantic）であり他方はプラグマティックである——は、混同されるべきではない。[21] 言語のプラグマティックな次元を提示する方法の一つは、何かを述べるということがもたらす帰結を思考することである。ゴッフマンが論じているように、時間つぶしを故意に意図する活動を例外とすれば、すべての他の人間活動はプラグマティックな帰結をともなう。多くの場合、これらの帰結はまえもって比較的よく知られている。なぜならきわめて高い蓋然性で起こりうるからで、問題を引き起こすものではない。だが、何らかの帰結をともなうというだけでなく、問題を引き起こすような状況もある。彼はこれらの状況を事件的ないしは運命的なものと呼んでいる[22]。もちろん、これらの用語は社会的出会いの多くの類型に適用できるが、戦場での敵軍との遭遇のように、そのうちのいくつかにおいては、言語的な構成要素は最小限度のものにとどまる。だがそれは、慣れ合いのあまり重要でない言葉が交わされる会話と、参加者にとってきわめて重要な主題が討論され議論の結果を前もって予期するのが簡単ではない会話とを区別するために、使用できるかもしれない。社会的出会いにおいてなされるかもしれない独自性の要求という観点からすると、事件性は、機会とリスクの配分を変化させる。とりわけ、事件の起こりうる状況だけが、参加者が（勇気、一貫性、スポーツマン精神といった）態度をはっきりさせる表現を可能にする。これは重要な機会だが、というのも、事件の起こりうる出会いは比較的稀であり、機会をやり過ごさなければ、参加者たちは長期的に持続するやり方で自分たちの名声を高めることができるからだ。強硬姿勢の表明は、他の参加者によってではなく、別の問題含みの出来事が起こることによってのみ、試されることになるからである[23]。

会話からの対人的ネットワークの創発

参加者が同じであるか、もしくは参加者の集合が重なり合っている状態で会話（および他の社会的出会い）が繰り返されるとき、結果として、長期的に存続する社会的実在が創発する。つまり、対人的なネットワークである。集合体の観点からみれば、ネットワークの理論においては外在性の関係性がつねに重視されるために、対人的なネットワークはおそらく、論じるのがもっとも容易な社会的実体である。つまり研究の主題となるのは、ネットワークで一定の立場にある人の属性ではなく、反復的な連関のパターンであり、さらにその連関の特性である。（ジェンダーや人種といった）これらの属性は、人間の相互作用にかんする研究においてはあきらかにきわめて重要だが、ネットワークの創発的な特性のうちのいくつかは、たとえこれらの属性が変化しても、同じままである傾向にある。このことは、連関の特性は、連関している人々の特性からは導き出せないことを意味している。連関の特性には、連関そのものの強さが包含されるが、つまり、所与の立場にいる人々のあいだに生じる相互作用の頻度であり、さらに、関係性の感情的な内容である。つまり関係性が存在するかもしくは存在しないかということであるが、関係性が存在しないとは、一つのネットワークとそれとは別のネットワークとを分離している境界線が存在するか、もしくは、所与のネットワークの内部で小集団と他の小集団とを分離している境界線が存在するということを示唆している。[24] そして関連性が相互的である場合には、連関が課してくる拘束が、対称的になるか、非対称的になる。

さらに、ネットワークの全体にはそれ特有の特性がそなわっているが、そのうちでもっとも重要なものの一つが、直接的でない連関のなかでの接続性の強度の尺度となる密度である。[25] おおよそのところ、私の友人の友人（つまり、私からみて直接的でない連関）があなたの友人のことを知っていて、そして彼らが所与の共同体にいる他の友人全員のことを知っているならば、そのネットワークの密度は高い。前の章で論じたように、密度の高いネットワークでは、仲間内の規範の違反にかんする情報は共同体の成員の全員に知られていくが、このことは、ネットワークそのものには仲間内で共有される評判を集積していくことが可能で、村八分やその他の罰則により、潜在的な嘘つきを阻止することが可能であるということを意味している。別の重要な特性はネットワークの安定性である。この特性は、関与する人の態度といった観点や、あるいは、ネットワークにおける立場が原因となって生じる複数の態度の規則的な相互依存性という観点から、研究できるかもしれない。第一の場合には、ネットワークの他の成員に対して示す人々の態度が精神的な緊張をもたらす——私の友人の友人がじつは私の敵であるといった状況のように——ことがないのであれば、ネットワークは安定的である。第二の場合に問題となるのは、ネットワークにおける立場の特性——近くに存在しているという特性（媒介となる連関の数により規定されている特性）など——が、これらの立場に身を定めている人びとにいかにして影響するか、である。つまりその影響が、彼らが第三者的な集団に対しても似たような態度をとるよう仕向けるほどにまで強いのかどうか、である。[26] 密度と安定性はさらに、高い度合いの連帯性を共同体にもたらすことになるかもしれない。これはまた、同じ度合いの連帯性が個人的な理由と動機のさまざまな組み合わせと一致するかぎりにおいて創発してくる特性でもある。共同体の行事に関わっていることにより呼び起こされる一緒にいるという感覚のせいでやる気を出す人もいれば、利他的な感覚からやる気を出す人もいるだろうし、あるいは、厳密な互恵性にかんする計算を理由にやる気を出す人もいるかもしれない。

これらの集合体で物質的な役割をはたす構成要素には、関与している人びとの身体だけでなく、関係性を維持するために費やさなくてはならない時間と努力が含まれているが、それらはつねに不足しがちで、一人の人間に保持することの可能な友人と接触の数は限られている。関係性の維持のためには、ただ頻繁に会話する以上のことが求められる。そこにはまた、他の人びとの子どもを世話するといった、身体的な援助の交換や、困難な状況において助言するといった、感情的な支援の交換などが含まれている。偶然にも、多くの共同体では、これに関しては分業が存在している。つまり、女性のほうが関係性の維持に関わる仕事を不釣り合いなほどにまで多くこなしがちである、というように[27]。表現的な役割をはたす構成要素には、連帯と信頼を、非言語的なやり方でさまざまに表明するということが含まれている。夕食を一緒にしたり（日常的なものであるか、特別の休日のものであるか）、あるいは教会にいく（そしてその他の集団的な儀式）といったありふれた営みは、連帯を表明し、維持するという役割をはたす[28]。労働者の共同体でのストライキ中に起こる逆境をともにするといった営みや、あるいは共同体のために犠牲をすすんで捧げようという意思表示は、信頼を表明し、そして構築していく。重要な点は、連帯を表現するということにかけては、行動のほうが言葉にもまして高らかに語る、ということだ。表現的な構成要素にはさらに、自分たちが一つであるということを示すものとして役立ちうるなんらかの表徴が含まれる。たとえば、所与の共同体で話される特定の方言を用いるという行為そのものは、使用者がその共同体に属しているという事実を表現する。つまり、成員の一員であるということの誇りの表明だが、言語で伝達されることになるいかなる言語情報とも共存しうる[29]。

共同体の成立と社会運動

対人的なネットワークは、領土化と脱領土化の主要な要因である、求心性と遠心性のさまざまな力に従っている。前者のうちでももっとも重要なのは、異なった共同体のあいだでの対立の存在である。対立には、「我々」と「彼ら」のあいだの区別を拡大していく効果があるが、つまり、部内者と部外者のあいだの境界線をはっきりさせる。高い密度はネットワークを実行力のある機構へと変容させる一方で、対立の存在は、共同体の境界の秩序の維持にあてられる活動を増大させる。その境界は、街区や小さな町の物理的な境界だけでなく、共同体がその成員の行動を統制したり内的な同質性を促していく度合いにも対応している。言い換えると、対立は、共同体の同一性を強化する。このことは、連帯がいつも望ましい特性であると考えることはできないことを意味している。というのも、対立が生じるとき、連帯は社会的排除の実践へと帰結し、成員の自律性に制約を課すことに帰結するが、この制約のせいで、異なったものになれるといった見通しが決定的に失われることになるからだ。[30]遠心性の力の例には、社会的な移動と世俗化といった、ネットワークの密度を低下させていく過程が含まれている。社会的な移動は、人びとの相互依存の度合いを低くし、国内志向ではなくてむしろいっそうコスモポリタンな態度をつうじて違いを大いに認めていくよう促すことで、連関を弱めていく。世俗化は、何よりもまずは、伝統的な連帯を維持するうえでは重要な儀礼（教会通いのような）のうちのいくつかを廃止することを意味している。輸送とコミュニケーションの技術は、一緒にいるということの機会を縮減するか除去していく、脱領土化の別の要因である（つまりそれらは分散した対人的ネットワークを創出する）。接続領域が広くなるならその接続の度合いは弱くなりがちで、連帯の表現のための出来合いの儀礼を利用することができないかもしれず、そのために、地理的な分散は、共同体の成員が連関を維持することにいっそう精力的になることを要請する。[31]

言語的な構成要素がこれらの集合体で果たす役割はさまざまである。その重要な例は、二つかそれ以上の共同体のあいだでの対立となって現れる共有された物語と区分（つまり、「我々」対「彼ら」という物語）だけでなく、それらにおいて用いられる、たいていは紋切り型の民族的で人種的な区分である。歴史社会学者のチャールズ・ティリーが論じたように、これらの物語は、統一された空間的・時間的設定だけでなく、明確な動機と定まった属性をもつ行為者に集中し、したがって所与の対立をはらんだ状況――とりわけ、長時間存続してきた状況――の現実の因果的構造を本当のところは把握していない。これらの物語は、意図的な行為が生じさせる、集合的な意図せざる帰結にかかわるいかなることをも除外しているが、そうした帰結は、進行があまりにも遅いために直接的な経験によっては知ることのできない資源の蓄積ないしは集積の過程であり、さらに、物理的な環境によって媒介される社会的な効果でもある。[32] だが、これらの物語が集合体で果たす役割は、事実を表象するのではなく、対立する党派の同一性を強固にしていくものであるため、それを物語ることは、集団の境界構築の過程の一部分となる。たとえば、民族共同体の場合には、同一性の物語と区分の強化は主として境界上で発生する。ティリーが書いているように、「他のイスラム系の人が、あなたがイスラムであることを否定するようなときであっても、あなたはおおよそのところイスラム系だが、ユダヤ人との境界にいるときには、あなたは間違いなくイスラム系へと区分される」[33]。集合体の理論の用語法では、対立の物語（そしてそれらと関連している、部内者と部外者にかんする区分）は、対人的なネットワークにおよぼす領土化の効果をコード化し強固にする。

共同体のあいだにある対立について語ることはすでに、対人的なネットワークが、すべての集合体と同じく、個体群において存在するということを意味している。これらの個体群の成員のあいだでの相互作用はときに、共同体のあいだでの政治的な連合や連携の形成に至るが、それら連合は、社会的領野における外在性の関係の典型的な事例である。[34] ときに連合は、社会正義の運動のような大規模な実体を創発することにもなる。ティリーのみるところでは、社会運動は少なくとも二つの集団的な行為体で構成されているが、その各々には、対立のせいで先鋭化した明確に規定された境界をもつ、一つもしくはそれ以上の共同体の連合が含まれている。誤りを是正するか、不正にも奪われた権利を取り戻そうと試みなくてはならない共同体（もしくは共同体の連携）もあれば、先人の主張に対抗し、先人が成功するなら脅かされるみずからの権益を防衛しようとする共同体も存在している。言い換えると、一般に運動は対抗運動を引き起こすのだが、運動と対抗運動のいずれをも、すべてを包括する集合体の構成部分として考察すべきである。さらにいうと、集合体は少なくとも、法の執行と軍事的な資源への統制を特徴とする、政府的な組織を一つは含んでいなくてはならない。権利を侵害された共同体の目的は、政府機関を相手とする合法的な対話者であることの承認を得ることである。つまり、集団的な要求を正しく提示するものとして扱われるということであるが、この目的は、対抗運動の側からの強力な反対に対抗して達成されねばならない。ティリーが書いているように、

要望の提示が政治的なものになるのは、政府――より一般的にいうならば、集中された強制の手段を統制する個人や組織――が、要求を突きつける者との交渉の場へと出るときである。そこ

では政府も要求者であり、要求の対象であり、利害関係者である。二つの民族的な分派の指導者が、たとえば彼らの民族的な区分をめぐる正当な対話者として承認されるのを競い合うとき、対話者の話し相手となる政府は、必然的に利害関係者になる。競合はいろいろなところで発生するが、競合的な政治には、少なくとも第三者的な関係者としての政府が含まれることになる。[35]

ティリーは、政治的な要求を提唱するための手段が、イギリスでは一七五〇年と一八五〇年のあいだにどれほどまでに激変したかを論じている。要求をかかげた行動は、機械の破壊、徴税人への身体的な攻撃、その他の直接的な行動の形態から、今日の運動の特徴である、様々な表現行動へと移行した。そこには、「公共的な会合、デモ、行進、請願、パンフレット、マス・メディアでの声明、ビラのポスティングとTシャツの着用、わかりやすいスローガンの採用」[36]といったものが含まれる。ティリーのいう新しい「争点の一覧」は、これらの集合体において主要な表現的役割を果たす。産業革命とその後の期間のあいだ、権利を侵害された共同体（あるいは共同体の連携）が表現したのは、自分たちが尊重され、統一され、多数で、献身的でなければならないということ、つまり、競合相手と政府の双方の観点からみて正当な集団的な要求者であるということであった。[37]もちろん、こうした特性をもつものであるということは、言語で表現されるだろう。たとえば、自分たちが多数であるということは、支持する成員の量がどれだけであるかを述べ立てる声明を出すことによって表現されるかもしれない。それは、街の特定の場所にとても多くの群衆を集めることでさらに説得的に示されるだろう。尊重せよという要求も、言語的な形式で表現できるかもしれないが、大規模な群衆が平和的で秩序だったデモを行おうとするなら、よりいっそうあきらかに示されるかもしれない。連携における統一性の度合いについて言語をもちいて述べるのは簡単だが、同じ理由により、統一性は、一致した行動と相互的支援によってより強力に表現されるだろう。

一八世紀と一九世紀のあいだにかけて争点の一覧に生じた変化が意味するのは、いくつかの構成部分が物質的な役割から表現的な役割へと移行した、ということである。尊重、数の多さ、献身、統一性を同時に表現するのが簡単な課題ではない場合――たとえば、多くの成員を従える場合、統一された戦線を提示するのはより難しくなる場合――、組織者は、運動を一つのものに保つための努力を大々的に払わなければならなくなる。ティリーが書いているように、「組織者の実際の仕事は、さしあたっての連携をひとまとめにし、参加者が持ち込む多数の議題のうちでもなにが集団的な行動において公共的な声を獲得することになるかを協議し、危険な戦術を抑制し、とりわけ舞台裏の諍いを公の目から隠すといったことを繰り返しおこなうことにある」[38]。さらにいうと、政府の組織もまたつねにこれらの集合体〔社会運動〕の部分であるという事実を認めるとするなら、物質的な役割を遂行する構成部分の一覧には、武器、暴動に対抗するための装備、警察と軍事力による力づくの制圧といったものが含まれていなくてはならない。強制の手段の多様性と集中は重要な構成部分だが、というのも、政府組織がそれらを行使しようとする意欲と能力は状況によって様々であり、この多様性は、競合する共同体に異なった機会とリスクをもたらすからだ。戦争がちょうど勃発し、政府は数ある共同体のうちの一つに属する成員を徴兵する必要に迫られるかもしれず、あるいは逆に、戦争がちょうど終了し、戦時中の例外的な政府の統制が弛緩して、繰り延べられてきた要求を噴出させることになるかもしれない。戦争に勝てば、政府組織の交渉力は増大し、集団的な行為者の要求がちゃんと聞かれるようになる機会も増えることになろうし、戦争に負ければ、それらはいずれも減るだろう[39]。

領土化の問題は、争点の一覧における変化と直接的に結びついている。不平不満の直接的な表明が優勢であったときには、特定の運動の目標はより局所的で短期的であった。新しい一覧への転換は、より戦略的で長期的な目標への移行を意味しているが、このことはさらに、利益獲得を確実にし、資源を集中するために、持続する組織を創出していくことを意味する。いいかえると、新しい表現的な一覧への転換にともない、これらの要求を推進していく集団的な実体の類型が同時に変化することになる。その類型は、正当性のある共同体から特殊化された団体におよぶが、労働組合やその他の労働者組織はそのうちの一つにすぎない[40]。これらの組織は、運動の同一性を安定化させるうえで決定的な役割を果たした。だが、この同一性を変化させ不安定にするかもしれない他の過程が存在しており、参加者は新しい戦術を発案し、その闘争を再定義していくことすらある。それらのなかには、ティリーが抗議行動の周期と呼ぶものがある。抗議行動の同期には、相互に刺激しあう力学（ポジティブ・フィードバック）が含まれているが、そこでは、

（一つの集団的な行為者の）要求の提唱が成功するならば、他の行為者が掲げる新しい要望を刺激していくことになる。それが起こるのは、行為者のうちの何人かが、以前には可視的でなかった機会を認識し、他の者は行動の新しく開発された方法を模倣し、そしてさらに他の者は、新参

者に脅かされると思うからである。要求の提唱の拡張は……競争相手が自らの陣営を定め、自分たちの立場を固め、エネルギーを使い果たし、互いを破壊し合い、要求の提唱によって利益が脅かされることになる者たちが要請する国家の抑圧に屈するに至るまでつづく。この循環の全体において、初期の局面は集団的な行動における革新を多様化し、新しい集団的な実験のための比較的開かれた空間を創出し、そうすることで、過去と全面的に切れているという印象をあたえる。後の局面では、より穏健な要求者は公共的な場から撤退し、より急進的で周縁的な活動家を見捨てていくが、そのような活動家は、ますます孤立し弱体化していく。以上の大きな循環の各々は、その痕跡を政治的なシステムに残していく。新しい集団の形成、市民と公共的な権威者の関係性の変更、公共的な言説の再生、集団的な行為の新しい形式の創出、というように。[41]

最後に、言語的な構成部分がこれらの集合体におよぼす影響にかんする問題がある。ティリーは、社会的な区分を記述する一般的な用語がはたす決定的な役割のことを論じている。特定の社会集団は、対立に先立って、政府的な組織によって宗教・民族・人種、さらには他の区分のもとですでに分類されているかもしれないとするなら、社会運動の目標の一つは、この分類を変えることである。だが、そういった変化が所与の運動の成員にとって重要なのは、区分が直接に知覚を形成するからではなくて（社会構成主義者たちが考えているように）、人びとを等級化された集団へと切り分ける、排除と隔離の実践と機会の囲いこみのためであり、かつ、政府的な組織のせいでそうした分類に付与されている不平等な法的権利と義務のためでもある。[42] したがって、所与の区分を変えようとこころみる活動家は、意味をめぐって交渉しているのではない。つまり、言葉の意味内容の変化が所与の社会集団が直面している機会とリスクにおける現実的な変化を自動的に意味するようになると考えて交渉しているのではなく、むしろ、資源の入手（所得、教育、公衆衛生）と、制約からの解放をめぐって交渉している。要するに、区分をめぐる争いは、言語の意味内容（significance）ではなくて法的および経済的な意義（signification）をめぐるものである。

階級の実体と資源配分

以上が、社会正義運動の集合体的な分析である。だが、ネットワーク化された共同体の連携で構成され、その同一性が、他の同様の集団との対立によってだけでなく、政府的な組織との関係によって決定される大規模な社会的実体は、他にも存在する。つまり、社会階級である。階級について語るとは、特定の国に位置するネットワークの個体群に与えられているさまざまな資源への経路がそれぞれに異なり、様々な制約にさらされている度合いも一様でないと述べることである。いいかえると、社会階級の存在は、ネットワークの個体群を等級へ切り分けていく過程が存在していることを前提とする。こうしたネットワークの構成部分となっている人々が生まれるとき、彼らが享受する生活の機会とリスクは異なるものとなる、というわけだ。しかしながら、ネットワークの等級化された配分について語るのは、等級化が、上中下へときっぱり分断されている「社会」のように単純なものであることを意味しない。ティリーが論じているように、これは、集団間の不平等な関係の複雑性を誤認している。[43] 所与の階層秩序的な資源配分におけるネットワークの配置は、ネットワークを構成する個々人のための共有された利益の集合を創出することになるが、他方で、多くの場合、組織が必要とされる。組織は、集団の注意をこれらの共通の利益へと向け、共通の利益をより一貫したやり方で表現するために必要とされ、そして、政府から新しい権利を引きだすべくこうした利益を追求するとき集団的な行動の道具として使うためにも必要とされる。組織が存在しているとき、それは集合体の部分としても考えられなければならない。

　資源配分の研究において多大なる実証研究をおこなった社会学者は、ピエール・ブルデューである。ブルデューの見解では、資源の入手と運用のための経路の非対称的な配分は、個々人からなる個体群を差異化し階層化された集団へと区分していく要因になる。社会階級にかんする古い理論とは異なって、ブルデューは、みずからの分析を経済的な資源に限定しない。したがって階級を、所得分配という観点や生産手段の管理といった観点からだけ考察するということもしない。金融資源と工業資源だけでなく、彼は文化資源を考慮にいれる。すなわち、一般教育や特別な専門知識を身につけることだけでなく、学位記、免許、そういった知識から合法的に利益を得るのに必要とされる特許のようなものを考慮に入れる。この区別は、集合体の理論における、物質的な資源と表現的な資源とのあいだの区別に対応している。さらにブルデューは、これらの配分にかかわる立場のあいだに生じる関係を重視する。こうした関係の例となるのは、上と下との間といったものだが、つまり、等級化された集団のあいだに存在している関係である。そこにはさらに近接性が含まれているが、それは空間的な近接関係ではなく、経済資源と文化資源を同じ度合いで運用できる二つの集団のあいだに存在する関係である。つまり、そうした集団が地理的にいかなるところに位置してい

ようと、存在することになる関係である。こういった関係性を、彼は外在性の関係性とみなしている。(44)

ブルデューによれば、経験から見出されたもののうちでも説明を要するもっとも重要なことは、資源配分における立場と、大なり小なり首尾一貫した生活様式――そこには、物質的な構成要素と表現的な構成要素の両方が含まれている――における立場との、統計的な相関性である。そこには、所与の集団が所有するか獲得していくことになる財とサービス、集団が示すことになる作法や身体の姿勢、政治的および文化的な立場、歴史的に差異化された分野（経済、政治、宗教、芸術といった分野）の全域におよぶ活動が含まれる。言い換えると、説明を要するのは、資源に対する様々な度合いの管理が規定する空間と、位置の定位と様式をともなう様々な活動領域とのあいだの特殊な対応関係である。観察される統計的な相関性にかんするブルデューの説明は、客観的な機会とリスクの多様な集合が集団の日常的な実践を条件付け、それが持続する性向（disposition）の集合の発展へと、つまりは特定のやりかたでふるまいそして特定の願望を示す傾向性の発展へと進展する、というものだ。ブルデューは、集合体の理論における主体性の構成要素のうちの二つである習慣と技能が性向であると考えるために、彼の考えのほとんどは、集合体の方法と存在論的に一致しているように思われるかもしれない。だが、ハビトゥスと彼が呼ぶ性向の集合を彼が特殊なやりかたで概念化していることのために、重大な不一致が存在する。ブルデューはこのハビトゥスに自動性を認めているが、その自動性は、社会的な行動の背後にある動機付けのあいだにある差異（原因、理由、動機のあいだにある差異のようなもの）のすべてを消してしまうほどにまで高度なものとみなされてい

る。彼が書いているように、

科学的に構築された客観的な蓋然性（たとえば、特定の財を入手することの機会）と行為者の主体的な願望のあいだにきわめて密接な相関性が規則的に観察されるとしたら、それは、行為者が自分たちの願望を、彼らの成功の見込みにかんする正確な評価へと意識的に適合させているからではない。賭博者が自分の掛け金を彼の勝利の見込みにかんする完全な情報にもとづいて決めるということではない。現実には、客観的な条件（集団や階級に特有のものとして客観的に結びつく蓋然性のような統計的な規則性をつうじて科学が理解する条件）に刻み込まれた可能性、不可能性、自由、必然性、機会と禁止といったものをつうじて時間をかけて習性となった性向が、これらの条件に客観的に一致しており、行為者の要求にあらかじめ適合しているといえそうな性向を生じさせる。したがって、ありそうもない実践が、考えられえないものとして取り除かれていくことになるが、それは秩序へと直接的に従属することによってである。これのせいで行為者は、必然的な善の行為をおこなうのだが、つまり、いずれにせよ否定されていることを拒絶し、不可避のことを意志するようになる[45]。

ブルデューは、人々がときに慎重な検討を重ねたうえでの選択を行なうことを否定しないし、また、彼らがときに手段を目的へと意識的に適合させようとするかもしれないことを否定しない。だが、そうした選択や意識的な適合がハビトゥスの自動化の例外を積極的に構成するということはありえず、そういった例外がいつどこで許容されるかを決定するのは、ハビトゥスのほうなのである。したがってハビトゥスは、「すべての思考、知覚、行為を、それらの特殊な生産諸条件に特有のものとして自由に生産することを可能にする」[46]、支配的な過程になる。これに関しては、ブルデューにしたがう必要はない。特定の階級の成員が同じハビトゥスを示すことになる傾向があるという彼の経験にもとづく観察は、ハビトゥスという支配的な過程を導入しなくても受け入れることが可能である。私たちはたとえば、私たちが生まれついた階級にはそれに固有のハビトゥスがあり、それが新しい世代へと規則的に継承されていくということに同意するし、またその階級には、独自の技能を発展させるための特別の修練をおこなう機会が与えられていて、それもまた直接的なやり方で伝授され保持されていくことの可能な特権になっていることに同意するだろう。こうすることで、習慣と技能の一定の集合が比較的同質的であることが説明できるが、そこでは「秩序への直接的な服従」といったことを想定するまでもない。じつのところ、集合体の方法においては、服従ないしは従属を当然のことと考えることはできず、それらはつねに特定の執行機構の観点から説明されねばならない。特定の共同体を構造化するネットワークの密度はそうした機構のようなものとなることもあるが、現代の組織のより細密な執行の実践については次の章で論じられることになるだろう。

　資源配分の空間における立場をありうべき生活様式の空間に対応させていくというハビトゥスの主な理論的機能も、修正を要する。ブルデューは、この立場の空間を、彼が「経済資本」と「文化資本」と呼ぶ二つの次元で規定される抽象的な社会空間として把握する。しかしながら、資源配分は抽象的な空間において存在するのではなく、対人的なネットワークや組織のような具体的な社会的実体とつねに密接に関連している。多くの資源（連帯や正当性のようなもの）がこれらの実体の創発的な特性であるというだけでない。組織は、異なった起源をもつ資源（石油や石炭のような天然資源、機械や被加工材のような技術的資源、修了証や資格のような文化的資源）を管理し生産する。経済資本と文化資本への異なった入手経路を維持している等級化と区分けの過程のいくつかは、人々のあいだではなくて制度的な組織のあいだに存在している資源依存の関係である。

なにゆえにブルデューのような偉大な理論家が、ハビトゥスのようなありそうにない支配的過程の存在に執心することができるのかと疑問に思う人もいるかもしれない。こういった試みがいかなる世界観において意味をもつことになるのかと問うかもしれない。答えをみいだすのはむずかしくない。それは、ブルデューは経験の言語性を信じており、したがって、説明を要することのすべては言語的な区分をつうじた主体の経験の構築であると信じている、というものだ。[47] これは、知覚と行動の両方を区分する枠の集合としてのハビトゥスという考えがよくするところのものである。こういった重要な著者が新カント派的な方法のせいで惑わされることもあるということから、私たちは、経験にかんする異なる理論（この章を始めるにあたって用いたヒューム的なモデル）だけでなく、チャールズ・ティリーが展開させているような、社会過程における言語的区分の役割にかんする異なった考えが必要であることを強調せねばならない。

以前にも述べたように、ティリーの見解では、物語と区分は境界を規定する役割をはたすが、これらは現象学的に経験される境界ではなく、現実に集団を区切る境界である。ティリーは、区分に付与される言語的な標識ではなく、所与の個体群における仕分け処理の帰結に着目するよう促しているが、つまり、具体的に境界画定された集団を産出する包摂と排除の実践に着目する、ということである。言い換えると、区分をめぐる闘争は、様々な権利と義務をもつものとして集団を分離する現実の境界にかんするものとなる。つまり、特定の街区に課せられた隔離実践からコミュニティ全体の強制された移住や配置転換にまでおよぶ様々な非言語的な介入をつうじて強制される境界にかんするものとなる。区分する境界線の強制はまた、組織のなかのフォーマルな地位にある人たちのうちで特定の区分に属する成員を選択的に包摂するか強制的に排除する、微妙だがそれでも効果的である様々な手段をともなう。これの重要な実例は、伝統として規定された区分を、経済的な組織によって内的に創出された区分に適合させるというものである。したがって、個体群として広く分散している民族集団にかんする型にはまった信念の集合は、特定の商業組織や産業組織で規定される職業の区分に適合させられるかもしれないが、そうなるとこの集団の成員はいくつかの地位から除外され、他の地位へと強制的に追いやられる。[48] 外的な区分と内的な区分のこうした適合は重要だが、なぜならティリーが論じるように、集団のあいだでの不平等の持続は、人種主義や性差別主義や外国人嫌悪といった区分そのものの問題というよりはむしろ、これらの区分が組織の役割と地位の形式的な構造の設計そのものに影響をおよぼすやりかたにかかわるからだ。[49]

要するに、社会階級を対人的なネットワークと制度的な組織の集合として概念化することができるだろう。共通利益の結晶体であるネットワーク化された共同体と組織については、資源への接近経路を様々にもつものとして考えなくてはならないが、そのうちには物質的な役割をはたすものもあれば表現的な役割をはたすものもあり、物質的な要素と表現的な要素の両方で構成されるはっきりとした生活様式をもつものもあるだろう。排除と包摂の多様な実践は重要な領土化の実践を遂行するが、他方では、言語による区分はこうした領土化の帰結をコード化し、階級の同一性を確定する。しかしながら、このような同一性にかかわる境界線は偶然的ではかないものと考えなくてはならない。たとえば社会的な移動は、階級のあいだの境界を不明瞭にする脱領土化の過程として作動し、技術革新は、新しい資源を導入することで、各々の階級をいくつかの対立する集団へとさらに分化していくかもしれない。したがって、ネットワーク化された共同体の個体群は社会階級へと分割されるということを受け入れるからといって、これらの階級が、階級が比較的小規模で未分化である領域国家以外のところで、単一の階層秩序を形成するという見解に同意しなくてもいい。

最後に、社会正義運動の場合のように、ただ対立する集団だけを考慮にいれねばならないというのではなく、みずからの要求と陳情への取り組みを突きつける相手となる政府組織をも考慮にいれねばならないが、なぜなら、政府組織から権利を引き出すことではじめて、資源配分における所与の地位の改善が可能になるかもしれないからだ。これが意味するのは、ネットワークのつながりへと還元できない権威構造をもつ実体である政府組織を集合体の理論をもちいてうまく説明できるというだけでなく、政府組織が形成するかもしれない連邦政府のようなより広大な集合体をも説明できるということである。かくして私たちの存在論的な分析は、これらの大きな規模に到達すべく上方へと進んでいかねばならないが、その際は（ハビトゥスのような）誤った実体を導入せぬよう気を付けねばならない。これが引き続く章で実行される任務である。

注

（1）人間の精神（the human mind）に現れるすべての知覚（perceptions）は、二つの異なる種類に分かれる。それらをそれぞれ、「印象」（impressions）および「観念」（ideas）と呼ぶことにする。両者の相違は、それらが精神を打ちわれわれの思惟または意識に進入する際に有する、勢いと生気の度合いに存する。最大の勢いと激しさを伴って精神に入って来る知覚を、「印象」と名づけることができる。私は、この名のものに、心に初めて現れるわれわれの諸感覚、諸情念、諸情動のすべてを含める。「観念」という語で私が意味するものは、思考や推論に現われる、それら印象の生気のない像である。（David Hume, *A Treatise of Human Nature* [London: Penguin, 1969], p. 49.〔デイヴィッド・ヒューム『人間本性論　第一巻　知性について』木曾好能訳、法政大学出版局、一九九五年、一三頁〕）

（2）Ibid., p. 462.〔デイヴィッド・ヒューム『人間本性論　第二巻　情念について』石川徹・中釜浩一・伊勢俊彦訳、法政大学出版局、二〇一一年、一六三頁〕

（3）実のところヒュームは、関係している諸観念を変えることなく変化する諸関係（近さ、同一性、因果性）と、そうはならない諸関係（類似、反対、質の度合いと量における比）とを区別している。このことは、諸観念のあいだの連関のすべては外在性の関係であるという言明と矛盾しているように思われよう（Ibid., pp. 117–118〔ヒューム『人間本性論　第一巻』、八九頁〕）だが、ドゥルーズが述べているように、そのようなことはない。観念に依拠しているようにみえる四つの関係は比較を含んでいる。つまり、比較されることになる観念にたいして外在している操作としての比較を含んでいる。（Gilles Deleuze, Empiricism and Subjectivity [New York: Colombia University Press, 1991], pp. 99–101.〔ジル・ドゥルーズ『経験論と主体性』木田元、財津理訳、河出書房新社、二〇〇〇年、一五七–一五八頁〕）

（4）Hume, *A Treatise of Human Nature*, p. 60.〔ヒューム『人間本性論　第一巻』、二四頁〕

（5）ドゥルーズは次のように述べている。「諸観念が連合されるということは、連合諸原理によって説明がつくにせよ、他の観念よりもむしろしかじかの観念が、しかじかの瞬間に、連合されるということ、つまり、あれよりもむしろこれということは、情念の諸原理によってのみ説明されうることなのである……一切は、あたかも連合諸原理が主体にその必要な形式を与えるかのように生起し、その一方で、情念の諸原理主体にその特異な内容を与えるのである。」（Deleuze, *Empiricism and Subjectivity*, pp. 103-4.〔ドゥルーズ『経験論と主体性』、一六四 - 一六五頁〕）

（6）Ibid., p. 98. ここでドゥルーズは、「集合体」を、「システム」と対比している。これは彼が後の著作で「集合体」と「層」のあいだに設けた対比と類似している。第一章で論じたように、私はこの対比を二つの類型のあいだでの二項対立としてではなく、集合体の特徴となる第三の次元である、高度にコード化された集合体である「層」として捉えてみたいと考えている。

（7）Hume, *A Treatise of Human Nature*, p. 327.〔ヒューム『人間本性論　第二巻』、五頁〕

（8）Hume, *A Treatise of Human Nature*, p. 60.（ヒューム『人間本性論　第一巻』、一五頁）

（9）Ibid., p. 308.〔同書、二九五頁〕

（10）狂気については、ibid., p. 172.〔同書、三四九頁〕

（11）Ibid., p. 227.〔同書、二〇八頁〕

（12）観念連合の連結が不十分であることへの有名な批判としては、Jerry A. Fodor and Zenon W. Pylyshyn, 'Connectionism and cognitive architecture: a critical analysis,' in John Haugeland (ed.), *Mind Design II. Philosophy, Psychology and Artificial Intelligence*（Cambridge, MA: MIT Press, 1997）, pp. 309-50.

　この不十分な面を補足する、記念の観念連合説の展開にかんする議論としては次のものを参照のこと。William Bechtel, Adele Abrahamsen, *Connectionism and the Mind. Parallel Processing, Dynamics, and Evolution in Networks*（Cambridge, MA, and Oxford: Basil Blackwell, 1991）, pp. 101-2; Andy Clark, *Microcognition: Philosophy, Cognitive Science, and Parallel Distributed Processing*（Cambridge, MA: MIT Press, 1990）, pp. 143-51.

（13）Zellig Harris, *A Theory of Language and Information: A Mathematical Approach*（Oxford: Clarendon

Press, 1981). 私は、実在の言語と方言にかんする完全な進化説を、ハリスの考え方に依拠して提示している。Manuel DeLanda, *A Thousand Years of Nonlinear History* (New York: Zone Books, 1997) の第三章を参照のこと。

(14) Hume, *A Treatise of Human Nature*, p. 144.〔ヒューム『人間本性論　第一巻』、一一八頁〕信念は「観念に、それまで以上の勢いと生気を与えることができるだけである」。

(15) Ibid., p. 146.〔同書、一二〇頁〕

(16) Ervin Goffman, *Interaction Ritual. Essays on Face-to-Face Behavior* (New York: Pantheon Books, 1967), p. 1.〔アーヴィング・ゴッフマン『儀礼としての相互行為――対面行動の社会学』浅野敏夫訳、法政大学出版局、二〇一二年、ix頁〕

(17) Ibid., p. 19.〔同書、一四－一五頁〕

(18) Ibid., p. 103.〔同書、一〇一頁〕

(19) Ibid., p. 34.〔同書、三〇頁〕

(20) Ibid., p. 103.〔同書、一〇一頁〕

(21) 数十年ものあいだ、構文と記号に夢中であった分析哲学者たちは、このプラグマティックな次元に注目し始め、取り入れるようになっている。したがって、イアン・ハッキングは、「社会構成」にかんするその分析において、「その記号内容とは何か」と問うことに次第に抵抗するようになり、そのかわりに、「その目的は何か」(つまり、「その意義は何か」)と問うようになっている。Ian Hacking, *The social construction of what?* (Cambridge, MA: Harvard University Press, 1999), p. 5.〔イアン・ハッキング『何が社会的に構成されるのか』出口康夫、久米暁訳、岩波書店、二〇〇六年、一二頁〕意義を問うことは意味作用を問うことと同じではないという議論は、次の著作に見いだされる。Denis C. Phillips, *Philosophy, Science, and Social Inquiry* (Oxford: Pergamon Press, 1987), p. 109.

(22) Goffman, *Interaction Ritual*, pp. 162-4.〔ゴッフマン『儀礼としての相互行為』、一六四－一六六頁〕

（23） Ibid., p. 218-9.〔同書、二二三頁〕

（24） John Scott, *Social Network Analysis* (London: Sage Publications, 2000), pp. 11, 31 and 75.

（25） Ibid., pp. 70-3.

（26） Ibid., p. 12.

（27） Ibid., p. 79. Graham Crow, *Social Solidarities: Theories, Identities and Social Change* (Buckingham: Open University Press, 2002), pp. 52-3も参照のこと。

（28） Crow, *Social Solidarities*, pp. 128-9.

（29） 同一性の標識としての方言については、William Labov, 'The social setting of linguistic change', in *Sociolinguistic Patterns* (University of Pennsylvania Press, 1972), p. 271.

（30） Crow, *Social Solidarities*, pp. 128-9.

（31） Ibid., pp. 86-8.

（32） Charles Tilly, *Stories, Identities, and Political Change* (Lanham, MD: Rowman & Littlefield Publishers, 2002), pp. 28-9.

（33） Charles Tilly, *Durable Inequality* (Berkeley, CA: University of California Press, 1999), p. 66.

（34） Gilles Deleuze and Félix Guattari, *Anti-Oedipus* (Minneapolis, MN: University of Minnesota Press), pp. 147, 155.〔ジル・ドゥルーズ、フェリックス・ガタリ『アンチ・オイディプス（上）』宇野邦一訳、河出文庫、二〇〇六年、二七六頁、二九二頁〕

（35） Tilly, *Stories, Identities, and Political Change*, p. 12. ティリーは、本質の概念を恐れるがあまり、その劣化版を支持してしまっているのだが、それでもおそらくは、社会理論における実在論を今日においてもっとも理路整然と提唱している人物である。彼は自分が「関係主義的な実在論者」であると宣言しているが、つまり、関係へと入り込んでいく本質ではなくて関係そのものが心から独立して存在すると信じているのだが、それでも彼は、生理学的な要求をもつものとしての人間が存在するということを嫌々ながら認めている。彼の説明では、持続する実体は本質を前提するのであって、深く関与するほどのものではない。彼が述べているように、社会についての説明は、本質という観点かもしくは紐帯という観点からおこなわれることが可能である。Tilly, *Durable Inequality*, p. 45 を参照のこと。

だが、まず第一に、もしも実体がそれを産出する歴史的過程によって説明されるのであれば、実体への関与は、本質をともなう必要がない。第二に、社会的な行為主体が行使する能力は行為主体にそなわる特性に還元されないという意味で、社会的相互作用は実際に関係的であるとはいえ、能力はこれらの持続する特性に従い、そして持続する実体の存在に従う。最後に、実体を関係へと従わせるということは、内的な関係性への関与へと危険なまでに接近するが、つまり、全体を産出する関係性そのものによって部分が構成されることになる全体へと、接近する。

(36) Tilly, *Stories, Identities, and Political Change*, p. 90.

(37) Ibid., p. 54.

(38) Ibid., p. 89.

(39) Ibid., pp. 106-7.

(40) Ibid., pp. 52-3.

(41) Ibid., pp. 105-6.

(42) Ibid., 102-3.

(43) 地元に根ざした共同体よりも大規模な総人口のいかなるものも、言葉の強い意味での層化の一貫したシステムを維持することはない。インドのカースト制度ですら、村から村へと連関する階層秩序の、まったく異なる人口を収容している。一般的にいうと、階層秩序は一環しておらず、層にはかなりの異種混淆性が含まれていて、移動性が境界線を曖昧にする (Ibid., pp. 28-9)。

(44) 「この差異の観念、隔差の観念は、まさに空間という観念の根底にあるものです。私の言う空間とは、明確に異なりつつ共存する複数の位置の集合にほかなりません。つまりたがいに相手の外部にあり、他の位置との相互関係において、そなわち相互的外在性によって、また近接関係や隣接関係や遠隔関係、さらには何々の上にとか下にとか間にといった序列関係によって定義される、そうした位置の集合のことです。たとえばプチブルジョワ階級の人々にそなわった特性の多くは、彼らが両極の位置の中間的な位置を占めていて、そのいずれにも客観的に同一化されえず、主観的にも同一化されないという事実から演繹することができるでしょう。」(Pierre Bourdieu, *Practical Reason* [CA: Stanford University Press, 1998], p. 6.〔ピエール・ブルデュー『実践理性』加藤晴久訳、藤原書店、二〇〇七年、二一頁〕)

(45) Pierre Bourdieu, *The Logic of Practice* (Cambridge: Polity Press, 1990), p. 54.

(46) Ibid., p. 55. 集合体の理論の方向にしたがって、より寛大なやり方でハビトゥスの議論を読むとするなら、それは個々人を形づくる習慣としきたりの集合のトポロジー的なダイアグラムとして読み解くことができるだろう。つまり、習慣と技能の異なった結合にむけて開かれた可能性の空間の構造として読み解くことができるだろう。

(47) 「社会という世界が問題になるかぎり、新カント主義的な理論が完全に正当化される。というのも、それは、言語とさらには表象に、とりわけ象徴的な水準で現実を構成する力を付与するからである。名づけるという行為は、社会という世界にかんして社会的な行為者が抱くことになる知覚を構造化することで、この世界の構造を確立するのに一役買う。」(Pierre Bourdieu, *Language and Symbolic Power* [Cambridge: Harvard University Press, 1991], p. 105)

(48) Tilly, *Durable Inequality*, p. 76.

(49) Ibid., p. 36.

第四章　組織と政府

組織の正当性と三つの型

歴史的にみると、制度的な組織は、多くの異なる形態で現れた。たとえ私たちが時間の参照枠を狭め、ここ二世紀か三世紀にのみ照準をあわせるとしても、それでもなおきわめて多様な組織形態が存在している。それは比較的分権化された商店街や市場から、中央集権化された軍隊や政府の官僚組織にまで多岐にわたる。しかしながら、これらの社会的実体の存在論的状態を分析するという目的からいうと、この歴史的な多様性を最初から相手とする必要はない。私たちの分析を、社会的な行為の命令にもとづく調整にかかわる組織に集中するのであれば、私たちの課題はよりいっそうわかりやすいものとなろう。だが、集団的な活動を調整するのに命令（価格と対置される）を用いる組織の部分集合に焦点をあわせても、なおも多様な形態がそこからはみ出てしまう。すべてのこれらの組織が共有する権威構造に焦点をあわせるならば、集合体の分析はさらにわかりやすいものとなろう。したがって、権威の正当性を表現するという役割をはたす諸要素と、服従の強制にふくまれている物質的な役割をはたす諸要素を分離することができるのであるが、その際は、ある階層秩序的な組織と〔別の〕組織とでは異なっている構成要素を考慮にいれなくてもよい。すなわち、工場の設備と兵器から企業のロゴマークと軍隊と制服におよぶ構成要素を考慮にいれなくてもよい。こうしたことは、具体的な組織の形態を集合体論的に分析するとき、加わることになるだろう。

マックス・ウェーバーは、組織の理論の創始者であるといってもよいだろうが、権威構造の三つの型を、その正当性の源泉の観点から区別した。社会活動の命令にもとづく調整は、彼の分類によれば、三つの極限形態（あるいは三つの「理念型」）とそれらの混合によって規定される連続体において生じる。第一の極限形態の範例となるのは、完全なまでに効率的な官僚制だが、そこでは地位や官職がそこに就いている人物から完全に切り離されるということが実現されている。[1] さらに、現職者の権限の範囲は、明確に文書化された規則によって規定され、専門試験で確証される特別の技術的訓練を要求する。最後に、地位や官職は階層秩序的な構造を形成せねばならず、地位のあいだでの従属関係が法的な規約の形態で明確に規定される。ウェーバーはこの極限形態を「合理的‐合法的」なものと呼ぶが、それはこの秩序の規約的で技術的な側面の両面をとらえ、服従が非人格的な秩序そのものにもとづくということ、つまりは、合法性が権威への合法的で技術的な権限の要求に依拠するということを示唆するためである。[2]

第二の極限形態の範例となるのは、宗教的な組織か君主制の政府であるが、そこで支配者の地位は、過去から受け継がれ聖なるものとみなされている伝統的な規則と祭式という観点からのみ正当化される。過去の先例の役割が、新しい法の要素の導入のために破棄されることが稀にあるが、その場合（もしくは、他の組織の変化のような場合）であっても、後者が正当化されるのは、それが未来にもたらしうる機能的な帰結に目を向けることによってではなく、聖なる歴史を再解釈することによってである。先の事例とは違い、地位がこれを占めている人から完全に分離されるということはありえず、指導者や上司は個人的な特権という立場を享受する。そこでは、合法的な命令の内容については明確に規定されず、ゆえにきわめて恣意的になることもある。自発的な服従が、非人格的な秩序ではなく、指導者によって人格化された聖なる伝統にむけられたものであるために、ウェーバーはこの極限形態を「伝統的なもの」と呼ぶ(3)。

最後にウェーバーは、命令にもとづく調整の別の極限形態を指摘するが、そこでは抽象的な適法性も聖なる先例も正当性の源泉としては存在しない。それらのいずれにもみとめられる集合的な行為の日常的な管理は、特にその個人的なカリスマ性のおかげで追随者たちに指導者と崇められている個人によって否定される。歴史的には、この役割をはたす類の個人は、「預言者から、癒やしや法にかんする知恵ゆえに名声を獲得しているような人、首領の指導者から戦争の英雄にまで(4)」多岐にわたる。この組織の類型では、官職と現職者との分離の度合いが最小限であるために、「カリスマ的なもの」と呼ばれる。

ウェーバーの区分は、いくつかの理由で有用である。第一に、組織の所与の個体群は、今日においてさえ、極限形態に近似している権威構造の異種混淆的な構成を示す傾向にある。したがって、君主制的な伝統的政府が、同一の領域国家内で、現代的な官僚制的行為体と共存したりカリスマ的な指導者が率いる多様な宗派集団と共存するかもしれない。第二に、さらに重要なこととして、多くの組織は異なった権威形態の混合となる傾向にある。つまり、それらは極限形態に接近するというよりはむしろ、その連続体のどこかに位置する傾向にある。ウェーバー自身は、彼の同時代の組織の編成にみられるそうした混合を論じている。つまり、専門的な知識を基礎として任用されたキャリア官僚とは違い、個人的なカリスマ性や伝統的な習俗にもとづき選出された専任の職員に導かれる官僚制のようなものを論じている。そのうえ、目的を手段へと首尾よく一致させていく能力に自らの正当性の根拠をもとめる官僚には、手段を目的へと転じてしまう傾向もみられる。つまり彼らは、目的そのものとみなされている規則と手続きへの、形式主義的で儀礼的な執着を示す傾向にある[5]。

他方で、近年の領域国家のいくつかにおいては三つの権威構造が共存しているのにもかかわらず、この二〇〇年間、ほとんどの現代の領域国家に存在している組織の個体群においては、合理的‐合法的な形態が広まっていくのが目撃された。合理的‐合法的な形態が、その極限形態で広まったのではないにしても、すくなくともこの形態が優位な状態にあって三つの権威構造が混合するというあり方で広まっていったのである。このせいで、この集合体がとりわけ重要なものとなる。そこでは、構成要素のあいだでの外在性の関係を契約的な関係が例証することになるのだが、そこで各人は、自らの行為の影響を抑制する権利を、他人へと譲渡する。そのうえ、組織の資源が、地位を占める人ではなくてその地位と結びつけられるのは、ただこの型の権威構造においてだけである。この厳格な分離は、輪郭のはっきりしている創発的な特性をもつ集合体に帰着するが、そこでは組織の行動を説明するとき指導者の個人的な性格を記述する必要はないし、またそういった記述が因果的に冗長なものとなることもない。官職が現職者から完全に切り離されることで、組織そのものは目的志向の企業体とみなされることになるだろう。社会学者のジェームズ・コールマンが述べているように、「外側からみると、これらの実体は、個人と同様の行為者とみなされるだろう。にもかかわらず、内側からみると、これらの実体は支配構造として特徴づけられる」(6)。

集合体としてみたばあい、階層秩序的な組織には、表現的な役割をはたす多様な構成要素がそなわっている。そのうちのいくつかは言語的なもので、権威の正当性への信念といったものだが、他の多くはそうではない。たとえば伝統的な類型では、空間と時間における振付のような、ただ過去の用法に従うことで合法性を表現する多くの儀式的な要素がある。カリスマ的な類型では、合法性を表現するのは指導者の行動だが、つまり、彼もしくは彼女は重大な出来事が起こるときいつも強い姿勢をみせなくてはならないという意味で、そうなのである。合理的‐合法的な類型では、手続きが技術的な用法で運用されているという事実そのものが、合法性を表現している。つまり、手続きがその類型の合法性を表現する望ましい帰結を規則的にもたらすという事実が、合法性を表現している。他方で、手続きが本当に作動しているかを評価するのがときに容易ではないために、高度に技術化された組織においてさえ「合理性」の概念が純粋に儀礼的なやり方で用いられることもあるかもしれない。それはただ、技術的な過程の帰結（物品であるかサービスであるか）の質の評価がどれほど容易であるかどうかに左右される。産出と生産の過程が複雑であればあるほど評価は曖昧になり、合法性の技術的な表現ははっきりしなくなっていく。こうした場合、組織が他の組織にむけてみずからの効率性を実証し正当化するときには、批判をかわすためにも、儀礼的な「合理性のしきたり」を踏襲するのが無難である。[7] たとえば、大量に生産される物品の製造においては、技術的な側面が強くなり儀礼的な側面は弱くなるが、心療内科や法律事務所や学校では、とりわけこうした組織が資格や認可を認定する行政機関を相手にみずからの合法性を表現するような場合には、産出物の評価はかなり儀礼的なものになるかもしれない。[8]

他方で、技術的構成要素と儀礼的構成要素が混合しているのにもかかわらず、組織の成員による命令の日々の順守は、そのものとして合法性を直接的に表現するものとなっている。言い換えると、服従の表明は、他の成員にもわかるものとしておこなわれている場合には、権威の合法性を直接的に確証するが、不服従の行動はそれに直接挑戦するものとなる。あからさまな不服従は、とりわけそれが処罰されないままであるなら、従属している人たちの集団のモラルにとって有害である。合理的－合法的な形態において、服従している人たちは、集合的な便益を求める管理権を放棄しその見返りとして個人的な報酬を得ているのだが、そこで不服従は、この便益の技術的な帰結を脅かすものとなる。伝統的な形態において、服従している人たちは聖なる先例を根拠にして管理権を断念するが、不服従はこの先例の妥当性への挑戦となる。したがって、すべての権威構造において、違反者への見せしめのためにも不服従への処罰が必要となり、そしてこの点で、処罰は表現的な役割を果たすことになる。しかしながら処罰には、無数の役割がある。件の組織が、処罰の類型を違反の類型へといかにして適合させるかという問題を検討するのに時間を費やしているとしたら、区分のこうした混成には言語的な構成要素がかかわってくる。そしてもちろん、拷問と身体的な監禁という、あきらかに物質的な側面をもつ処罰の二つの形式が存在している。あらゆる社会的集合体と同じく、組織における物質的な役割を担うのは、なによりもまずは人間の身体である。最終的に処罰の標的になるのはこれらの身体である。だが、人間身体にたいする処罰という因果的な介入は、権威の執行のもっともわかりやすい形態であるにすぎない。とりわけ合理的‐合法的な形態には、他の執行技術が存在している。組織における服従している成員と組織によって処理される人間身体とを監視し規律化することにかかわる、典型的な実践の集合である。

合理的‐合法的な権威の形態を論じつつ、ミシェル・フーコーは、自発的隷従の基礎にある契約関係を法律家と法学者が正当化したのにともない、この形態の合法性がどのようにして展開したかを論じたというだけでなく、こういった合法化する言説が、司法や行政ではなくて軍事組織に由来する、非言説的で規律化する構成部分とどれほどまでに相補的な関係にあるかを論じた。その両方の構成部分は、ナポレオン国家において一つへと収斂するが、フーコーが書いているように、その基礎を準備したのは、

法学者だけでなく、さらには兵士であり、国政参議と下級官吏であり、法律の人と陣営の人であった。こうした国家形成にともなって用いられた、ローマ帝国への指示関連には、まさしく、市民と兵士、法律と操練という二重の指標が含まれるのだ。法学者ないしは哲学者たちが契約というもののなかに、社会の建設もしくは再建のための原初的モデルを探究していた一方では、軍人は、さらには彼らとともに規律・訓練を旨とする技術家たちは、個人および集団にわたっての身体への強制権のための諸方式をみがきあげていったのである(9)

空間、時間、言語による集合体の安定

こうした強制手続きには、まず第一に、物理的な空間と時間の特別な使用が含まれている。人間身体の空間的な配分は、野放図な集中を避け監視を容易にするためにおこなわれなくてはならない。服従している人のすべてに、事務所のなかでの決められた場所であれ生産ライン上の配置であれ、確定された空間が割りあてられねばならないが、そのことで規則への順守の観察が、日常業務化される。空間のこうした分析的使用の原型は軍の野営地であったが、そこでは、「通路の幾何学的配置、テントの数量と配置、テントの入口の方向設定、縦列横列の布置などが正確に規定される」[10]。時間もまた、同じように分割されるが、そこでは労働の速度が定められ、職業が与えられ、循環と反復が規制される。時間の浪費を禁止するための時間表の使用は修道院に由来するが、明確に定められた時間順序にしたがい、考査と試験でときに中断される訓練の手順の規定の大半は、強制的な律動かもしくは「操練」を課していくことをつうじて軍隊の効率性を高めるための軍事的な努力に由来する[11]。

物質的な役割をはたす集合体の構成部分の一覧には、この厳格な空間・時間的区分にくわえ、途絶えることのない巡視と絶えまない帳簿記入を考慮にいれておかねばならない[12]。「絶えまない帳簿記入」は、規制を強化するための手段として、兵士、学生、患者、労働者、囚人といった人たちの行動とふるまいの記録をつくり保管することを意味するものとして、フーコーが使う言葉である。これらの絶えまない記録は、比較的最近の、せいぜいここ数世紀程度の歴史的現象である。記載の閾値（情報として収集されるのに値する重要性の程度の下限）が下げられることで、偉大なる立法の宣

告者である聖人や世俗の人物だけでなく普通の人も記録の対象へと含まれるようになるが、この転換点を特定するのが歴史家の重要な任務ということになる。フーコーが論じているように、一八世紀以来このかた、「実在のさまざまの生存をこのように書きものにする作業は、もはや英雄化の一方式なのではない。客体化および服従強制の方式として機能するのである」[13]。今度は、様々な新方式の試験の産物が、こういった絶えまない記録に適した情報になった。患者の健康状態を知るために医師がおこなう視診から、学習の習熟度を測定するために生徒に対しておこなわれる試験、徴兵のために兵士へと課される質問や雇用のために労働者へと課される質問といったものがそこに含まれる。かつてであれば、医者の視診は不定期で比較的すぐ終わるものであったのに対し、今ではそれは長くなり、その頻度もいっそう一貫したものになった。以前には学校の試験は生徒のあいだでの競争程度のものだったのに、今ではそれは次第次第に個人の能力を決定し、評定し、比較するための体系的な方法になった。試験の結果が、絶えまない帳簿記入と連動することで可能にしたのは、「記録文書の累積と系列化であり、分類したり、種別を形づくったり、平均を明確にしたり、規格を定めたりを可能にする比較中心の分野の組み立て」[14]であった。

これらの集合体の同一性を安定させ、維持するのは、どのような過程であるか。権威構造の範囲を定める空間的な境界は、直接にその管轄区域と関連している。この管轄区域は、組織を収容する物理的な建造物の壁で画されることもあれば、そうした壁をはるかにこえて拡張し、都市全体、地方、さらには国家の地理的な境界と一致することもある。こういった管轄区域の境界線の安定性は、その正当性だけでなく、それが絶えまなく執行されているかどうかに左右される。管轄区域が重なっている組織のあいだに生じる衝突のように、合法的な権威のおよぶ範囲を疑問に付すような過程はなんであれ、それらの境界を不安定化するし、そしてもし衝突が解決されないのであれば、同一性を危うくする。同じく、管轄区域への要求を実行するための、経済的、軍事的、法的な資源が欠如しているなら、組織の同一性があやふやになる。権威構造に脱領土化を引き起こしていく別の要因は、継承の危機である。ウェーバーは、カリスマ的な指導者に支配されている小さな派閥集団をこれとは別の二つの組織形態のうちの一つへと変えていく過程を論じているが、それは、こういった不安定化する出来事の好例である。派閥集団は、カリスマ的な特性をもつ人が比較的わずかであることもあって、指導者の死後の継承問題に際してはとりわけ脆弱である。それにたいする解決は、継承の過程を形式化することであるが、カリスマを世襲化する（組織を伝統的なものにする）かもしくは指導者が順守せねばならない規約事項を文書化すること（そうやって、合理的 - 合法的なものになる）で果たされる。ウェーバーが書いているように、「カリスマは宗教的（予言者的）支配または政治的（征服による）支配の典型的な初期現象なのであり、支配が安定化するやいなや、とりわけ支配が大衆的性格をとってくるやいなや、それは日常の緒力に譲歩するにいたる[15]」。したがって、形式化は、権威構造においては決定的な領土化の過程である。

最後に、これらの集合体における言語の役割をめぐる問題がある。法執行にかかわる記録と文書化された試験は言語的な構成要素の好例だが、ここにかかわる書かれたものは事業計画的な類型のもので、比較的単純な事実——通院や投薬、学校で出席しているか、清潔にしているかどうかにかんする事実——を記録する書式のきわめて即物的な形式であり、解釈学的解釈の無限円環へとむかっていくような書式ではない。それはより直截な言語的役割をはたす、権威構造の他の構成要素と対照されねばならない。それはたとえば、伝統的な類型においては、起源にかんする聖なる文書や口承の歴史のように、聖職者などの特別の役割の職務者によってたえず解釈され再解釈されねばならないものであり、あるいは利害対立のばあいには、裁判官のような専門職の者によって解釈されることを要する、官僚機構の書かれた規約である。

さらに、権威構造がいかなるものであるかにかかわりなく、集団の信念がはたす役割があるが、それが創発してくるときに生じる特性は、なんらかの同意に転化する。集団の信念の一貫性がいっそう増大するのは、組織のうちの特別の成員（医師、教員、弁護士）が議論と討論へと常日頃かかわり、分析と分類をおこなうかぎりにおいてであるが、それらは、信念の比較的緩やかな集合を、ときに「言説」と呼ばれるようないっそう体系的な実体へ変容させていく。信念のこれらの集合の体系性は、法制化の実践に対してだけでなく、その執行の実践にも影響をおよぼすかもしれない。したがって、フーコーによれば、空間と時間の分析的な使用、検査の強化、記録の維持期間と範囲の増大といったことはすべて、臨床医学、教育法、刑法といった言説の事例における、大なり小なり適切な技術的知識を発展させていくことに寄与した。そうした知識は、知識を活用する人の執行能力を増大させた[16]。

集合体の資源依存の形、シリコンバレーとルート128

かくして、制度的な組織の特質は、集合体的なものになる。だが先にも論じたように、組織には、権威構造だけでなく、持続的で目的志向的な実体としての外的な同一性がそなわっている。そういった組織が、みずから相互作用する他の組織の個体群の一部分として存在するならば、これらの相互作用において、社会的行為体としての組織に属する能力をみずから行使するようになるのだが、この能力は、個々人や対人的なネットワークの能力そのものには還元しえないものである。今や問題となるのは、組織がみずからの能力を他の企業体の個体群のうちで行使するとき、より広大な全体が生じてくるのか、ということである。あるいは別の言い方をすると、自分たちに固有の特性と能力をもつ組織の階層秩序とネットワークは存在するのか。組織の階層秩序の一番わかりやすい例は大規模な国民国家の政府だが、そこで組織は、国家、地方、地区という水準で存在しており、お互いに相互作用しつつ、重なりあう管轄区域の複雑な集合のなかで活動する。組織のネットワークの好例は、供給者と分配者の集合だが、それらは材料を提供し、大きな産業組織の産物を取り扱うというだけでなく、中心的な組織との関係をつうじてお互いに連関している。

階層秩序とネットワークが、異なった規模の各々において同じ特性を示すのであれば、集合体の理論はこれらの大規模な実体に直接適用されるべきである。他方で、大規模な実体を補完している小規模な実体との差異が存在することになろうが、なぜなら大きな規模では、戦略的な計画の執行がいっそう厄介になるというだけでなく、意図した行為が引き起こす、集団的な意図せざる帰結がいっそう顕著になるからである。これらの大規模な集合体を考察するとき問われる必要のある第一の問いは、その構成部分の間に形成される外在性の関係は、構成部分の相互作用が何度も繰り返されるとき、どのようなものになるのか、である。すでに論じたように、組織が行為体になるとき、その資源（物理的、技術的、法的、金銭的）と結びつくのは公の地位や職務であってその担い手ではない。ほとんどの著者はこういった資源がはたす主要な役割を認識しているが、実際にそれらを獲得するという過程を気にかけない。それが自動的なものではなく、いかなる組織にもしばしば厄介なものであるのにもかかわらずそうなのだ。とりわけ、獲得にかかわる問題を解決するためには、組織は互いに特定の相互作用にかかわらなければならず、そうするうちに、これらの交換が多かれ少なかれ規則的なものとなり、相互依存の関係性を発展させるかもしれない。

社会学者のジェフリー・プフェッファーとジェラルド・サランシックが発展させた方法は、資源の依存を分析するためのものであり、かつ、そういった依存が非対称的であるときにある組織が別の組織の行動に影響をおよぼすためにもつことになる能力を分析するためのものである。これらの外在性の関係を定義するために、プフェッファーとサランシックはまず、所与の組織と所与の資源に着目することからはじめ、資源の相対的な重要性を決定する。相対的な重要性は、交換される資源の分量だけでなく、資源がどれほど不可欠であるかの度合いによって測定される。彼らが書いているように、

資源がどれほど重要であるかを決定する、交換の相対的な分量は、交換のうちの投入量の全体と産出量の全体の比率がどれほどであるかを算定することで測定される。一つの生産物やサービスだけを創出する組織は、多様な市場にむけて供することのできる多様な産出物を備えた組織以上に、顧客に左右される。同様に、みずからの展開のために主要な投入物をただ一つしか必要と

しない組織は、多様な投入物——各々は比較的小規模であるが——を使用する組織よりも、投入物の供給源に左右されるだろう……重要なことの二点目は、投入物ないしは産出物が組織にとってどれほどまでに不可欠であるかにかかわる……資源が欠如していたり産出物のための市場が欠如していても機能しつづけることが組織に可能でない場合、資源や市場が不可欠であるということになる。資源は、たとえ全体の投入量のうちでは小さな比重を止めるものであるとしても、組織にとって不可欠であるかもしれない。電力なしではほとんどのオフィスが機能し得ない。たとえ使用料金が、組織の支出のうちで相対的に小さな構成部分であるとしても、そうなのである。[17]

資源の相対的な重要性という問題だけでなく、資源の管理と互換性の度合いがどれほどであるかによって規定される、資源の集積にかかわる問題がある。管理は、ある組織が資源を別の組織へと配分するのを決定する能力のことを意味する。つまり、所有権、資源への容易な物理的接近、政府の規制に由来する能力のことを意味している。逆に互換性は、主導的な組織であればあるほど所与の物資の供給者を別の供給者へと置き換えることが可能であるということを意味している。所与の資源が代替できないものであればあるほど、その資源はいっそう集中することになる。[18] もちろん資源の交換は、対称的で相互的であるかもしれないが、そのばあい組織は相互依存的になるかもしれない。だが、交換の対称性が、重要性と集中の次元の両方において破れるならば、管理する側の組織は、行動を左右される組織の行動に影響をおよぼす能力を獲得する。プフェッファーとサランシックが書いているように、「組織にとって重要でない資源は、資源がどれほどに集中しているかどうかにかかわらず、依存性という状況をつくりだすことにならない。また、資源がどれほど重要であるかどうかにかかわらず、それが比較的少数の組織によって管理されていないのであれば、中心にある組織は、その少数の組織のいかなるものにも特に左右されないだろう[19]」。

資源依存は、組織のネットワークと階層秩序の両方に存在している。後者のばあいには、さらに、国家規模の管轄区域を統括する組織がより局地的な規模で作動している他の組織に命令するのを可能にする権威関係が存在するが、規則性と予測可能性に立脚して命令する能力は、ただ権威の正当性だけでなく、金融資源をじっさいに管理できるかどうかにかかっている。しかしながら、これらの大規模な実体にかんする集合体論的な分析をおこなうためには、正当的な権威が欠如している場合からはじめるのがいいだろう。なぜなら、この場合、外在性の関係として論じるべきは資源依存だけだからだ。上述のとおり、工業的な組織のネットワークはこの資源依存の好例だが、可能性の連続体を規定する二つの極限形態〔垂直統合と分散ネットワーク〕をここで識別しておく必要がある。両極は、資源依存に対処する異なった戦略を、その特質とする。

第一の対処戦略は、垂直的な統合で組織を直接併合することで、依存性を除去することを意味している。それは、併合の対象となる企業へと投入物を供給するかこの企業からの産出物を取り扱う組織を、みずからのものとして獲得するということである。この戦略は、比較的自足しており規模の経済を活用することでネットワーク上における優位な拠点となることのできる、大きな組織を発生させる[20]。それらの組織は、優勢な立場にあるために、統合されることのなかった供給者と分配者をさまざまなやり方で支配下に置くことが可能である。たとえば、一九七〇年代におけるアメリカの自動車メーカーには、下請け業者を完全に従属的な立場にすることができたが、施設は厳格に精査され、品質管理の手続は監視され、経営管理の質と徹底性は指令に従うものとなっていた。[21] 特定の産業では、これらの大規模な組織のうちの幾つかは、いわゆる寡占を形成する分離した実体として共存するかもしれない。この分離は、寡占するライバルのなかでの情報共有の妨げとなる合法的な障壁があることによって、強化されるかもしれない。少なくとも、カルテルが非合法とされる国々では、そうである。それでもなお、これらの競合的な組織は、直接的ではない手段をつうじて互いに連関するかもしれない。とても大規模な会社は、「株式会社」と呼ばれる形式的な権威構造をもつ傾向にあるが、そこでは支配と所有が分離されている。すなわち、支配は専門的な経営者の手中にあるのに対し、所有は取締役会を代表とする多くの株主のあいだに分散している。株式会社のあいだでの直接的でない連関は、取締役会の相互連関という過程をつうじて形成される。(たとえば自動車産業に属している)所与の企業の取締役会には、銀行や保険会社のような組織の成員が含まれているかもしれないが、彼らもやはり、他の取締役会に属しているかもしれない。取締役会の成員の重複は、これらの組織を直接的でないやり方で連結し、一方的にひき起こされる価格戦争といった不安定要因となる出来事の発生から彼らを守る。[22]

第二の対処戦略は、資源依存を回避するのではなく、そこから利益を得ることを意味している。この戦略は、比較的小規模な会社のネットワークを発生させるが、そこではいかなる組織も目に見えて優位であるというわけでなく、規模の経済が欠如しているが、そのかわりに集積の経済が成立している。同一の地理的な地域に集積している多くの小さな会社は、才能のある人びとを引きよせることになる。彼らはそこで多様な職の機会を見いだすことができ、時がたつにつれて熟練労働者が集積されていくが、そうなると、地域での会社の数を増大させていくことになる。したがって、これらの企業は互いに競争するのにもかかわらず、企業の集積と、集積のおかげで地域全体で利用可能になる共通の人的資源から利益をえていくことにもなる。[23]さらに、下請け業者に完全な支配がおよんでいないということは、会社と供給業者の関係にいっそうの協力が生じうることを意味しているが、その関係は、ときに「助言を介した協調」という関係性を形成する。そこで企業は、供給業者に、厳格な仕様に合致する部品を供給するよう指令するのではなく、部品の設計そのものについて助言をおこなう。[24]一九七〇年代におけるアメリカの自動車産業が第一の戦略の事例であるとしたら、エミリア・ロマーニャによる素晴らしい事例研究が明らかにしたイタリアにおける工業地帯のいくつかは、第二の戦略の完全な事例である。一九八〇年代初頭には、この地域の製造業の中心はおよそ二万二千の会社で成立していたが、そのうちで五〇〇人以上の人員を雇用していたのはほんのわずかで、大部分は、セラミックスや織物や機械や金属加工の生産物の設計に従事する会社であった。[25]

資源依存に対処する異なる方法から出現する二つの極限形態が実際のものとなることはめったになく、実際に現れることがあるとしても、せいぜいのところ一定の時間、近似的に出現するのにすぎない。にもかかわらず、そのいずれかの形態が顕著になっている混合体をいくつか比較することはできる。これらを比較するばあい、企業そのものだけでなく、大学や事業者団体や労働組合といった他のさまざまな組織を入れていくことが重要である。というのも、なんらかの反復的な特質を示すのは集合体の総体だからである。コンピューターの製造にかかわる二つのアメリカの産業地域である、北カリフォルニアのシリコンバレーとボストン・ルート128についておこなわれたアナリー・サクセニアンの研究は、これら二つの集合体の特性を比較対照している。サクセニアンは書いている。

シリコンバレーには地域ネットワークをベースにした産業システムがあり、このシステムのおかげで、さまざまな関連技術の専門企業どうしが集団で学習したり柔軟に調整をすすめたりできる。社会ネットワークが細かく張りめぐらされているうえ労働市場もオープンなので、実験的な試みや起業家活動が促される。企業は、激しく競争しながら、同時に非公式なコミュニケーションや協力を通じて市場や技術の変化についてたがいに学びあう。また、横のつながりを重視するゆるやかな結びつきの組織になっているので、社内の部門どうしも、社外の供給業者や顧客とも横のコミュニケーションがスムーズにとれる。ネットワーク型システムでは、社内の職能間の垣根はすこぶる風通しがいい。企業と企業の垣根も、企業と業界団体や大学など地域の組織との垣根もそうだ。それに対しルート128では、少数の比較的独立性の高い企業が圧倒的な力を持っている。この地域の産業システムは、研究、設計、生産、販売などの機能の垂直統合をすすめて生産活動の多くを社内でまかなってゆく独立企業をベースにしたものだ。いわば自己完結型企業の集合体となっているのだ。機密保持と企業への忠誠を重んじる姿勢が、企業と顧客や供給業者や競争相手との関係をかたちづくり、安定と自立をよしとする地域文化をさらに助長している。

企業の組織はピラミッド型で、権限は中央に集中していて情報はほとんどの場合縦に流れる。このような独立企業型システムでは、当然ながら、企業間や企業内の垣根も、企業と地域の組織との垣根も、ネットワーク型システムに比べてはるかにしっかりしている。[26]

二つの極限形態とその混合体の構成部分は、組織の集合体として扱われるとき、さまざまな表現的な役割と物質的な役割をはたす。前者は第一に、組織の行動の表現性にかかわるが、つまり、行動が組織の意図にかんする信号を集合体の他の成員に送るかもしれないことを意味する。組織の意図は、決定にかかわる表現やそこから導き出される政策文書には、明確に述べられていない。この場合、「意図の解釈」について論じることになるかもしれないが、これは意味論上(つまり意味作用)の問題ではなくて、戦略的な意義かもしくは重要性の評価にかかわる問題ということになろう。第一の極限形態においてはたとえば、資源の流れにおいて優位な立場にある組織は、自分の意のままにできる資源への要求をおこなうことが可能であり、そのためたとえば貿易ののぞましい条件を要求することになる。だがその組織が資源への要求の表現を交渉中におこなうとき、声高にやることも静かにやることもできるし、みずからの優位性の表明においても、さりげなくそうすることもできればあざとくそうすることもできる。逆に、依存する立場にある組織は、要求を順守しているという事実そのものによって、弱さを表明することになる。順守条例は、自律性が限定されていることとの了承を意味しているが、弱さを表明するならば、優位にある組織からの要求がさらに降ってくるかもしれない。なぜなら、優位にある組織は、従属している組織の過去の行動を、資源への新しい要求が成功することの蓋然性を示唆するものとして、活用できるからである。

第二の極限形態において重要なのは、結束と信頼感の表明であるが、なぜなら競争は協力と釣り合いをとらねばならないからである。ここで問題となるのは、いわゆる「コモンズの悲劇」――ひとつの組織の行為者の機を見るに敏な行動のせいで共通資源が破壊されること――を回避することである。公共の福祉を利己的に軽視していることを明示する行動はなんであれ、他の行為者の同様の行動の連鎖への引き金となり、協力の崩壊へと帰結することになる。こうした帰結を回避するためには、連帯感が欠如していることを組織の評判にかかわる一面として表現するための方法が存在せねばならず、そうであるならば、悪評を暴き立てていく方法がその組織にとって不利になる経済的な帰結をもたらすことになる。これは、特別な組織を創出するか、もしくは所与の地域における濃密な対人ネットワークにそなわっている実行力の特性を活用するということを意味する。[27]

組織の行動の非言語的な表現性は、もちろん言語とまったく無関係ではないが、なぜなら組織の行為は、組織の内でおこる意思決定の過程と密接にかかわっているからである。組織のネットワークから生じる二つの極限形態の区別は、じつのところ、意思決定の様式の区別である。つまり、大規模な企業のばあいには大なり小なり中心化されているのに対し、相互作用の関係にある小規模な企業のばあいには大なり小なり脱中心化されている。だが、いずれの場合においても決定は、いくつもの異なる問題についての信念を基礎としておこなわれる。すなわち、寡占市場の他の成員が戦略的な動向に対して示すありうべき反応についての信念であり、依存する企業が要求に従う度合いについての信念であり、ネットワークにおける結束についての信念である。これら信念のすべては、命題にむけられた態度であり、したがって言語的な構成要素が含まれている。他方で、戦略的な意思決定をこえて戦術の実施にかかわる問題に向かうとき――とりわけ、戦術の実施が現実にたいする因果的な介入を意味するとき――、これらの信念は、今や集合体の物質的な構成要素と関連しなくてはならなくなる。すなわち、これらの信念が組織化している物質的な資源のあいだの諸関係にかんする因果的な理解が適切かどうか――特定の技術と、そこへの投入物として役に立つ素材の特性との関係が因果的に妥当であるか――によって判断されねばならなくなる。依存関係を発生させる資源の多くは、これらの集合体において物質的な役割を果たし、エネルギー資源と産業機械、貯蔵から輸送にいたる事業計画と関連するありとあらゆるものにまでおよぶ。労働も、熟練のものであろうと未熟練のものであろうと、重要な物質的構成要素である。貨幣もまた、その循環経路が他の資源の流動を引き起こしていくかぎりにおいては、物質的な役割をはたすものと考えられるかもしれない。システム論的なエコロジストであるハワード・オダムが述べているように、「エネルギーの流れは貨幣の循環を可能にし、貨幣の操作はエネルギーの流れの管理を可能にする」[28]。

二つの極限形態は、領土化と脱領土化の異なった類型を示している。小さな会社のネットワークは、組織と熟練労働力が集積する地政学的な地域と一致している。単一の会社であればどこかへの移動を決断できるが、そのためには、その地域で何年もかけて形成されてきた才能の宝庫の活用を諦めなくてはならない。この意味で、相互依存している企業のネットワークは、非常に領土化されているということが可能である。他方で、大規模で自律的な会社は、経済的な機能の多くを内部化しているために、地理的な立地条件からある程度自由でいることができた。自由に移動できることのおかげで、これらの会社は、たとえ国営企業として存在しているとしても、きわめて脱領土的なものになる。脱領土化の度合いは、これらの企業が国家の領土という制約からグローバリゼーションのおかげで自由になるとき、ものすごく高くなっていく。だが、大規模で自足した会社の境界線は小規模で相互依存している会社のそれよりも明確であるという事実は、異なった領土化の形態を指し示している。それと同じく、規模の経済においては人間という資源の使用が高度に規制され、意思決定がきわめて中心化されていく傾向にあるという事実もまた、異なった領土化の形態を指し示している。他方で、集積の経済においては、熟練労働が決定的な構成要素であるため、計画と実行の分離はあまり明確でないが、さらに熟練労働はいっそう浮動的になる傾向にある。専門技術者があたえられた仕事で費やす平均的な時間である回転率は、相互依存する企業のネットワークの場合には二年か三年であるという傾向にあるが、大きな企業のために働く多くの専門職が一生をそこで費やすのとは明らかに対称的である[29]。この別の意味においては、大規模な独立の企業が優勢であるネットワークは、小さな相互依存する企業をつなぐネットワークよりも領土化されている。

　シリコンバレーとルート128に拠点を置く組織の集合体は、様々な形態の連続体における異なった極限の近似値を実現するが、それでも互いに相互作用している。というのも、これらの組織の多くは同じ産業に属しているからだ。このことが意味するのは、二つの極限形態に共通している領土化と脱領土化の過程がさらに存在し、産業全体の同一性の安定化にかかわっているということである。販売組合と産業組合といった、統合し規制する組織の活動は、これらの過程の重要な構成要素である。産業組合は、その成員を、産業全体におよぶ技術標準の設定など、自分たちに集団的な影響のおよぶ多くの基準にかかわる問題にかんする合意形成にむけて導いていく道具である。販売組合は、産業の販売や価格や費用にかんする情報のための情報センターとしての役割を果たすが、そのことで成員は、自分たちの活動のいくつかを調整できるようになる。それらはまた、調査を支援し（その結果は成員のあいだで共有される）製品定義と品質にかんする指針を提供することで、組織内で起こりうる変異を縮減する。[30] 組織の一様性の度合いはまた、専門家と労働者の組合が行動規範を創出することで高められる。規範はインフォーマルで強制力はないかもしれないが、作業行動と期待と賃金の標準化を促していく。

イノベーション、契約、カルテル

両方の形態に影響をあたえる脱領土化の主要因は、製品ないしはプロセスにおける高いイノベーション率が創出していく、乱流環境である。ここで問題となるのは、組織内における変化率——組織の慣性に由来する様々な要因によって影響される——と、組織の外側にあるテクノロジーの変化率との関係である。その関係は、違った国にある同一の産業のあいだに見いだされることもあれば、同じ国にある別々の産業のあいだに見いだされることもあるだろう。産業全体を考察するとき、私たちが関心を向けるのは、産業の成員となる組織の適応能力（すべての組織に、適応するだけの十分な時間があるのであれば）よりはむしろ、外的なショックにあわせて内的な変化を調整する能力——とりわけ、外的なショックが連続的なものになるばあいには——である。[32] 連続しておこるショックを追跡するだけの能力が、組織的ネットワーク全体からの集団的な反応を求めるならば、形態の連続体に占めるネットワークの位置は、成功するか失敗するかを左右する決定的な条件になるかもしれない。規模の経済の特質である、計画と実行の明確な分離は、変化への適応に関与する組織の人間の数を制限するが、小規模な組織のより平面的な階層秩序とその熟練労働を活用するなら、会社全体は、経験から学ぶことができるようになる。さらに、集積の経済の特質である、会社と供給者のあいだでの協議をまじえた協調関係は、実践的学習がもたらす便益を、ネットワークの全体へと広げていくかもしれない。イノベーション率が高くなればなるほど、所与のネットワークは、小規模企業の先鋭が有する集団的な学習過程からさらにいっそうのことを学ぶことができ、大規模な会社の寡占が有する自足的な方法は、いっそう不的確なものになるだろう。

これらの集合体の言語的な構成要素のうちの一つはすでに論じたが、同じくらいに重要なのは、相互依存の効果を和らげるための手段として組織が使用する、文書化された契約（そして他の同意事項）である。意思決定と同じく、契約の内容を左右するのは、組織の行動の帰結の予測可能性である。契約が締結される状況が流動的であればあるほど、その帰結を予期するのはいっそう骨の折れるものとなるだろう。事実、契約の内容は、偶然的で予測し得ない出来事のすべてを前もって特定するための文書化がどれほど求められるかによって異なってくる。たとえば、新制度派経済学では、雇用契約と販売契約は区別されるが、偶然的な事態の予期という問題は、前者よりも後者のほうにいっそう顕著に現われる。[1] 実際、偶然的な事態にかかわる問題が（たとえば特別な機械によって創出される依存関係のせいで）あまりにも大規模であるときには、これに対応する経済部門は、組織が販売契約から雇用契約へと切り替えるだろうと予期する。つまり、市場でかつての取引相手であった企業を合併するといったことによる切り替えを予期する。[33]（限界づけられた合理性と公正性のために）必然的に不完全なものとなる契約がつきつけてくる困難にくわえ、契約形式のどちらの類型を使用するかをめぐる決定は、契約の解釈と執行の地点の選択に左右されるだろう。雇用契約は組織の内側で執行され、その解釈をめぐる対立は仲裁を介して調整される一方で、販売契約は法廷によって執行されねばならず、解釈をめぐる対立は訴訟をつうじて調整されることになる。[34]

契約にともなう義務にかんする法律的な解釈がときに必要とされるかもしれないという事実が意味するのは、所定の産業を含み持つ組織の個体群が、会社、貿易組織と組合に加え、政府にかかわる組織の全集合を含まなくてはならないということである。というのも、政府が財産権を法的に定義し執行することにより、工業と商業の会社の取引に際して依存することになる環境が創出されるからである。[35] 少数の大規模な会社によって支配されている工業ネットワークとは違い、政府組織は、明確に規定された権威構造をもつ本当の階層秩序を形成する。ときには工業ネットワークは、カルテルの創発をともなう形式的な権威的関係を生じさせるかもしれないが、これらは概して実効性のある階層秩序を備えるまでにはいたらない。たとえば一八七〇年代、アメリカ合衆国でカルテルが非合法化される前には、いくつかの鉄道会社は、その年次総会を合法的な機関として活用し（規則と手続きを発布し）、決議を実施する執行機関として中央オフィスも活用して、そのネットワークの結合にいっそうの階層秩序的な体裁をあたえようと試みたが、カルテルのルール違反を合法的に取り締まることのできる合法的な機関を創出することには失敗した。[36] 結局のところ、これらのカルテルにおいて問題となったのは、同程度に優勢な会社のあいだでの連携にかんする問題であって、カルテルの権威の正当性にかんする問題ではなかった。他方で、政府の階層秩序が問題となるときには、正当性は集合体の表現要素の主要なものであるというだけでない。正当性はさらに、組織か専門家への免許証や許可証を認定するか否定することによって依存関係を創出するのに、政府が使用することのできる資源でもある。

国家と行政

組織の階層秩序が集合体の理論ではどのようにして扱われることになるのかを論じる前に、範囲を限定しておきたい。まずは、中央政府が歴史において具現化してきた多様な形態を、あたえられた紙幅で論じるのは不可能である、ということがある。したがって、分化の過程がもっとも複雑な形態を発生させる政府の形態に議論を限定する。すなわち、行政、立法、司法の組織のあいだで分業が明確化され、これらの分化した機能が異なった地理的規模（国家の規模、地方や州の規模、自治体政府という局所的な規模）で同時に展開される政府の形態に、議論を限定する。これらの複雑な事例にうまく取り組むことができるなら、より単純な形態は何の問題も提示しない。第二に、複雑な中央政府が具現化するすべての異なる形態のうちでもとりわけ連邦制の形態を重視するが、というのも、それがこの地理的な階層秩序構造をもっとも明確に示すからだ。最後に、説明を単純化するためにも、事例の大半を連邦政府の唯一の実例であるアメリカ合衆国から選び出すことにする。

議論のこうした簡略化へと注意するよう読者に呼びかけたうえで、さらに四つの予備的な見解を提示しておく。「国家」のような概念の使用を差し控えるのは重要だ。なぜならば、そういった物象化された一般性は正当な存在論的実体でないというだけでなく、あまりにも硬直的で、政府という階層秩序を形成するそれぞれに異質な組織のあいだに存在している外在性の関係をとらえることができないからだ。たとえば、これらの組織のちがいにかんする適切な概念を欠くなら、公共政策の策定とその実際の実施のあいだには溝はないと考えたり、あるいは、現実へと介入する政府の能力は、介入を実行する少数の選出された議員たちがくだす決定と、一方向的に関連していると考える誤りをおかすかもしれない。だが、実施過程に関する研究は、達成されるべき目標を要約している文書から、もろもろの業務（政策を実行し、異なった段階で要求される資金の付託と流れを維持し、そして一般的には、国家と州と地方政府がその行政区を互いに重ねあわせつつ長い連鎖を形成していくところにおいて規則を順守するのを確実にすること）をこなすのにふさわしい担い手の選出の過程へと辿り直すのが、きわめて難しいことを示している。多くの場合、中心の政策決定は、実施されないか、もしくは知らぬ間に変化してしまう。したがって、多くの政府組織による共同行動は、客観的に複雑で問題のあるものであり、当たり前のこととして受容できるようなものではない[37]。もちろん、政策の策定と実施のあいだの複雑な関係は、二つの活動が隙間のない網の目を形成するということを意味するものとして解釈できるかもしれない。つまり、一枚岩の概念へと私たちを連れ戻すような解釈である。だがそれを、フィードバックを含む非線形的な過程としてモデル化するのも可能である。すなわち、「目的達成の度合いを評定し、選ばれた議員と任命された職員のあいだでの権威の配分を評定する能力[38]」を脅かすことのない、策定－実施－再策定の過程として、モデル化するのも可能である。

第二の予備的見解は、この最後の問題にかかわる。選挙で選出された議員が配属される政府組織（つまり、民主制ないしは代議制の組織）と、キャリア官僚で運営される組織との関係は、より深い意味で難題である。官僚機構が効率的に運営されるためには、政治と管理組織のあいだの区別が明確になっている必要がある。つまり、官僚の専門組織の専門技能が選挙の過程の偶然性から分離されていなくてはならない。だが、この分離が進行すればするほど、官僚機構は、選挙の帰結に表現される公共的な関心に反応しなくてもいいと考えるようになっていく。言い換えると、少なくとも民主主義的な体制では、効率性の促進要因そのものが、正当性を掘り崩していくことになりかねない。この対立の一つの要素は、権限の委任にかかわる多くの社会的関係に共通している。あるモデル（「本人と代理人」のモデル）では、問題は次のようにして定式化される。雇用者（本人）は、彼らが雇用し権限を委任する代理人よりも専門技能が欠けているとき、不正行為や怠業が起こらないことをどうしたら確信できるのか。このモデルでは、基本的な対立は専門技能の非対称性から生じてくるが、より大規模なものにも適用できるかもしれない。というのも、社長も立法者も（個別の職員も）、官僚機構の運用を評価するのに必要とされる専門知識をもちあわせていないからである。[39]だが、このモデルは、別の問題――より小さな規模においては見出すことのできない問題――を除外している。とりわけ、官僚機構には都合のよい専門技能の非対称性そのものが、かえって官僚機構に不利なものになることがある。というのも、多くの場合には（原子力、医薬品、金融のような場合には）、政府機関に規制されると考えられている産業が、政府機関が規制を強化するために必要としている技術にかんする情報そのものを、政府機関に提供しているからである。言い換えると、規制の機関は特定の利害にとらわれることになるかもしれず、そうなると、それらの技術的な資源に依存することになり、すでに疑わしくなっている正当性をさらに掘り崩していくことになる[40]。

第三第四にあらかじめ言っておくべきことは、集合体の理論では決定的に重要だが、それとは別の方法ではかならずしも設定されていない区別にかかわってくる。第一に、連邦的な（あるいは他の形態の）政府を形成する組織のさまざまな階層秩序を、階層秩序の統制といった領土的な実体から区別せねばならない。領土的な実体には、政府組織だけでなく、他の組織の個体群の全体も含まれている。つまり、人および対人的なネットワークの個体群であり、都市、地域、地方であり、他の領土的な実体との地政学的な外在性の関係性である。政治革命が、一つの政体を別の政体へと――たとえば貴族制を民主制へと――変えるときでも、他の諸国とのかかわりにおける国の地政学的な位置はいうまでもなく、都市と地域と地方のあいだの以前からある不平等な関係性は手付かずのまま残される。他方で、この区別は注意深くおこなわれなければならないが、組織の階層秩序のほとんどはそれらが支配する領土から実際のところは分離されず、それらの同一性を規定するものの一部は、領土の境界を実際に統制するからである。明確に規定された空間的な境界がなくても（あるいはインターネットにおけるヴァーチャルな形態においてすら）コミュニケーション技術のおかげで存在することの可能な対人的なネットワークとは違い、複雑な組織の階層秩序はそれらが統制する領土や、領土と結びついている（自然および人口にかかわる）資源を抜きにしてはけっして概念化できない。そうはいうものの、ここからは、組織そのものの集合体の特質のことを主に論じ、領土的な側面にかんする分析は次の章にまわすことにする。

集合体の相互作用と正当性

組織の階層秩序的な集合体を、それの統制下にある王国や帝国や国民国家と区別するだけでなく、分析の目的のためにも、持続する集合体そのものを別の組織やネットワークの連携や個々人の個体群との相互作用と区別するのが重要である。これらの相互作用のいくつかはさらに集合体を産出し、複雑な政治的状況を構成する。つまり、人のあいだでの会話を大規模にした集合体である。前の章で私は、チャールズ・ティリーが社会正義運動を、ネットワークと連携と政府の組織が対話者となって形成していく集合体と考えていると論じた。ティリーは、公共的なデモを、運動と対抗運動と警察の間での大規模な会話とみなしている。より一般的には——彼はこう書いている——、「フランス革命の最初のころの式典の遂行、行進、祝賀、民兵の行進においてであれ、今日のヨーロッパの社会運動の公的な会合、署名活動、ロビー活動、デモ、アソシエーションの形成においてであれ、私たちは、たえまない即興とイノベーションと制約が会話において結合するのを目撃する[41]」。

公的な立場にある人への要求がそこへの参加者によって行われている個人的会合と同じく、組織間の会話（あるいは、組織とネットワークの連携のあいだでの会話）もまた、要求の主張と集団的な同一性の産出をともなう。たとえば、それは民族集団の同一性であり、産業部門の同一性である。だが、個人的会話と同じく、これらの相互作用もごく一時的なものであり、政治革命の場合をのぞいては、政府の同一性そのものをかならずや変えるといったものではない。また会話は、多種多様な一時的な集合体を網羅する社会的な出会いのうちの一例でしかないが、大規模な規模にもあてはまる。したがってこのあとでは、まずは組織の階層秩序的な集合体にかんする集合体的な分析をおこない、それから階層秩序的な集合体が相互作用をつうじて形成する一時的な集合体の多様な種類のうちの一例を示す。

命令構造を有する集合体のすべてにおいて、表現的な役割をはたすのは権威の正当化に関与する構成要素であるが、他方で、物質的な役割をはたすのは、権威の正当化の実施に関与する構成要素である。たとえばアメリカ合衆国では、この規模において正当性を主として担保することになるのは、憲法と選挙過程の二つである。憲法はもちろん言語的な構成要素である。それは、なかでもとりわけ、行政、立法、司法組織のあいだの関係だけでなく、国家、州、地方の行政区域のそれぞれで展開している組織のあいだの関係を特定化する、拘束力のある書かれた文書である。選挙過程は非言語的な構成要素だが、その帰結が住民の意向を表現しているかぎりにおいて、選出された議員に対して正当性を付与することになる。だが、選挙がただ儀礼的におこなわれているばあいには、実際のところ、有権者を構成している異なる集団を適切に代表するということにはならない。票がいかにして集計され選出者がいかにして選ばれるかというような、投票の手続きにかかわる技術的な問題があるが、それは、住民の意向が選挙結果にどれほどまでに反映され結果がどれほどまでに民意を表したものであり正当性のあるものになっているかという問題に、直接に影響をあたえる。

たとえば、投票者には一人一票が与えられ、より多くの票を集めた候補者が当選するというシステム（多数決）がある。あるいは、さまざまな形式で配分することのできる多くの票が投票者に与えられるというシステム（承認投票）がある。そして、投票者はイエスかノーかを決めるのではなく、候補者の順位を決めるというシステム（優先投票）がある。これらの投票システムにそなわる、集団的な選好の実際の配分を表現する能力はまったく異なるが、戦略的（ないしは戦術的）な投票――すなわち、その人の本当の好みを示すのではなく、他の誰かが当選するのを妨げるための投票――に対してどれほど脆いかどうかもやはり異なっている[42]。どのシステムが最善であるかをめぐって数学者たちの意見は一致しないだろうが――そして投票が多くの異なる目的のために実施されるのであってみれば最善の選択など存在しないかもしれないが――多数決が技術的には一番ダメだということに全員が同意するだろうし、アメリカのような近代国家で多数決が存続していることの理由は、それがもつ儀礼的な価値で説明されることになろう。

もしも正当性の源泉が二つしかないのだとしたら、官僚制の問題は解決できないものとなり、果てしのない危機へと陥ることになろう。官僚は選出された議員ではないので正当性の根拠を選挙結果にもとめることはできないし、憲法は官僚の地位についてはほとんど何も語っておらず、調査と訴追と判決の権限――権力の分立の原則を破るようにみえる権限――が官僚に与えられていることの正当性についても何も語っていない[43]。だが、正当性の源泉は、ほかにも存在している。ウェーバーの権威の理論を論じたときに私は、合理的‐合法的な形式においては、手続きの技術的な効率性そのものが正当性の表現であると述べた。フランスとイギリスでは、官僚制は民主主義体制に先行して出現し、エリート的な公的機関の成員で構成されていたが、技術的な効率性がしばしば官僚制を正当化する役割を果たしていた。だがアメリカでの歴史の推移は逆方向であったため、一九三〇年代の大恐慌という状況になってようやく、公平無私な専門家であるということが、官僚制の存在を実際に正当化することの根拠として活用されるようになった[44]。しかしながらそのときでさえ、

（選出された議員が身につけている、より広範な知識とは対立している）専門家の知識への不信ゆえに、この正当性の表現は脆いものとなった。したがって、正当性の別の表現がすぐに出現した。官僚制で用いられている手続きの公平性であるが、つまりこれらの手続きが職権や機関のすべてにおいて標準化されていることの度合いが、正当性の源泉となった。これらの問題は、一九四六年に行政手続法で法制化された。投票の手続きにおける公平性と同じくそこには技術的な問題が関わってくるので、「公平」という言葉の意味の決定は問題にならない。たとえば、規制委員会が開催する聴聞会で裁判官と検事の役割を一人の職員がこなすのであれば、偏見が入り込まざるをえない。したがって手続法は、行政の正義の正当性を説得力のあるものとするためにも、利害対立から切り離された特別の審査グループを設置しなくてはならない(45)。

個々人にたいする影響力を強化するのに物理的な懲罰と監禁が効果的であるのと同じく、官僚と地方公務員の命令順守を調達するための手段として、軍と警察組織を活用できる。しかしながら、物理的な力の行使をいつも頼みとするというのは権威の形態が不安定であることを意味しているので、その行使と正当性を調整するためには、他の物理的な構成要素が付加されなければならない。大統領と国会議員には、官僚をさまざまなやり方で統制する権限がある。大統領には主要な職員を任命したり罷免したりする力だけでなく、金融資源を操作する力もある。国会議員は官僚機構を設計することで統制力を行使できる。つまり、不正や怠業への防止策を、新しい機関の目標と法形態を設定する合法的な指令書として発行することで、行使できるようになる。本人‐代理人モデルにもとづく詳細な定量的研究によれば、行政と立法の組織にはこのような法的資格が備わっているというだけでなく、これらを実際に行使している。[46] 議会には、官僚制の効率性を監視する監督委員会もあり、裁判所は、行政上の正義にかなう行動において正当な手続きが尊重されているかどうかを確認するための法的な審査をおこなうことができる。

集合体の同一性を強めるものと弱めるもの

領土化の過程を考えるとき、個々の政策の同一性と、組織の集合体そのものの同一性とを区別するのが重要である。官僚組織の相対的な政治的自律性は、前者の場合〔個々の政策の同一性〕にはあきらかに安定性をもたらす要因ではないが、後者〔集合体の同一性〕では安定をもたらす。たとえば、成果主義とキャリア公務員制度がアメリカで一八八三年に導入される以前には、官僚の役人たちは選挙戦の勝利者たちにあたえられる戦利品と考えられていた。この「戦利品の時代」には、全体としての集合体の同一性は、公共の意見の気まぐれな変転の影響を受けた。だが、政治からある程度切り離されるようになると、官僚制は、連続性と長期的な一貫性を下支えするものとなった。ある意味で、官僚機構の担い手を存在させる法的な命令書は、現時点で選出されている議員の政策とは異なっている政策を反映しているかもしれないため、官僚機構が政治から切り離されている状態は、異なった行政機構にまたがる政策を統合するための機構を出現させるかもしれない。[47] 官僚機構の相対的な自律性は、専門知識の非対称性にある程度もとづくものであるとするなら、領土化の主な過程は行政職員の専門化であるが、この専門化の形態は、国が違えば異なっていた。たとえばフランスでは、専門化はエリート大学とエコール・ポリテクニークでの行政職員の養成と密接に関連し、潜在的な志願者に団結心を叩き込む共通の教育的な基盤になっていた。イギリスでは、専門家は、実地訓練をつうじて新たに採用された。それは、省庁に君臨している在職の大臣とは対立する、省庁そのものへの忠誠心を高める学習過程であった[48]。

これらの集合体の同一性に内部から（政治革命のような外側からのものとは真逆の）影響をおよぼす脱領土化の過程の代表例は、クーデターと政体の危機の二つである。前者は、中心にある組織へと強制される体制変化を意味しているが、特に軍隊のような他の政府組織によるものであったり、あるいは、行政部門から軍の統制の権限を奪還しようとこころみる組織によるものであることもある。クーデターは、それを出来事としてみた場合、たんなる不安定化をもたらすだけのものではない。クーデターが終わるときでさえ、新しく登場する責任者が手にするのは（他の政府組織や残りの人口の観点からいうと）きわめてわずかな正当性であり、権威の執行のための主だった手段として物理的な強制力にうったえなくてはならなくなるだろう[49]。政体の危機には広範な要因がかかわってくるが、たとえば、曖昧な選挙結果を発端とする継承の危機といったものがある。だが危機は、異なる政府組織が互いに競い合う、より複雑な状況をともなうこともある。たとえば、行政組織は立法組織の正当性を認めるのを拒否し、その解体を要求する一方で、同時に立法組織が大統領の行動の正当性を疑問視しその弾劾をもとめることがある（一九九三年のロシアでこれと同じようなことが起こった）。他方で対立は、政府の二つの部門ではなくて、異なった地政学的規模で展開している複数の組織のあいだで起こることもある。つまり、地方政府か州政府が中央政府の命令に従うのを拒否するような場合である。一九世紀にはたとえば、アメリカでの奴隷制をめぐる対立は既存の機構

（最高裁判所のような）では解決できないものであることが明らかになり、一一の南部の州が離脱し、内戦となり、最終的には奴隷制を禁止した憲法の修正案で解決されねばならなくなった。

最後に、言語的な構成要素がこれらの集合体ではたす役割にかんする問題がある。行政、立法、司法の組織が官僚機構を統制するために行使するさまざまな手段についてはすでに論じた。しかしながらこれらの手段は戦略的な価値をもつものであって、規則がずっと守られていることを確実にするには有効だが、行政部門の職員が中央で決定される政策を実施するべく政治から相対的に距離をとろうとするかもしれないので、特定の帰結を導くのには無力である。そもそもの政策文書（あるいは法令）を明確に記載するといった戦術的な手段は、政策決定の一貫性の維持のためにも活用されることを要する。[50]また、多くの国家における決定的な拘束力をもつ文書のこともすでに論じた。つまり、憲法ないしは基本法の、大なり小なり法典化された形式の基礎となる文書である。これらの法は、集合体の同一性を強固にする（たとえば、領土化の効果を完全なものとするための文書化の操作を実行する）というだけでなく、立法組織が創出するかもしれない他の法の効力を限定することもある。これらの別の法は、その法制化の度合いが様々であり、習慣や先例がその解釈におよぼす影響の度合いも様々であるというだけでなく、イギリスとそのかつての植民地で普及している英米法か、それとも大陸ヨーロッパ諸国とそのかつての植民地で普及しているより体系的で先例にしばられていない大陸法のいずれに近いものであるかについても、様々である。これらを含めた様々な文書化された法で形成される制度環境は、前に私が議論した経済組織のためのものというだけでなく、これまでに考察してきた別の社会的集合体すべてのためのものでもある。[51]

かくして、組織の階層秩序的な集合体と他の社会的実体のあいだに生じる、大なり小なり一時的な相互作用の問題へ向かうことになる。すべての異なる相互作用から一つのものを選べといわれたら私は、個々人の個体群との相互作用を選び出すだろうし、これらの相互作用が起こるかもしれないすべての異なる政治状況のうちから選べといわれたら私は、対外的か対内的な軍事対立の存在のせいでひき起こされる状況を選び出すことになるだろう。物質的な側面において、この状況は、人員の徴募――ときに自発的で、ときに強制的な――だけでなく、戦争のための支払いに必要とされる課税を要請することになる。これらの目標を表明する主な政策(決議草案、財政政策における変化)は、標的とされる集団による抵抗を考慮にいれねばならず、ゆえに譲歩や政治的な対話をともなうものとなる。この状況は、資源依存モデルで把握できるかもしれない。税と徴兵は、政府にとって重要な資源であるために、政府はこれらの獲得源となる人口に依存することになり、したがって、人口の要求に従属することになる。事実、チャールズ・ティリーによれば、ヨーロッパで一七世紀と一八世紀に近代的な市民権が出現したのはまさにこうした過程を経てであったが、そのとき、兵士(と彼らへの支払いに必要な税)の増員に関与していた政府は、標的とされる集団と交渉し、政治に参加したいという要求を聞き入れなくてはならなかったのである[52]。

表現的な側面においては、これらの状況は、政府と人口の統一を強化するためのさまざまな手段――ときに象徴が用いられ、ときに直接的に表現的な手段――を必要とする。古典的な事例は、フランス革命が軍隊の構成に与えた影響である。つまり、傭兵から忠誠心のある市民軍への変化である。さまざまな国家におけるこの変化へと影響を及ぼすために使用される手段は、しかしながら、正当性の現存している源泉次第で変わってくる。ウェーバーが論じた正当性の二つの形態――伝統的および合理的‐合法的な形態――には、より規模の大きな対応物が存在する。いくつかの国では、人口を統一する紐帯は、古くからある伝統から継承されたかそこに由来するものであるため、「国民」が「国家」に先行している。他の国では、これらの紐帯は同一の法の共有から生じているので、「国家」が「国民」に先行している。[53] 国家から国民への道をたどった国家（フランスやイギリス）は、新たに発明された愛国主義の表現――国旗、宣誓、賛歌、国民の祝日、閲兵式、記念祝典――に賛意を表明することになった。国民から国家への道をたどった国家（ドイツ）は、いっそう大衆的な表現に向かいがちで、知的エリートが創出した、大衆的な諸要素の、大なり小なり首尾一貫した総合を用いた。しかしながら、ウェーバーの理念型が純粋な形態で存在することがほとんどないのと同じく、国家の統一性の源泉としての血と法は、けっして互いに排他的ではなかった。ほとんどの国家は、人口を戦争に向けて動員するとき、正当性の二つの源泉〔血と法〕の混合体を用いた。そして最終的には、当の政府が表現手段のいかなる組み合わせを用いるのかにかかわりなく、愛国主義の最終的な表明はつねに、市民が自分たちの国家のために死ぬという意志の表明であり、それが戦場で行為となって表現された。

軍事的な対立が現実のものであるか差し迫ったものであるとき、それ自体が強力な領土化の力となり、人びとを彼らの政府のもとで結束させ、一致団結させることになる。共同体を束ねる連帯は、他の共同体との対立が「われわれ」対「彼ら」の感覚を強化するとき、社会的な排除へと変容されてしまうかもしれないが、それと同じく、対外戦争は、国の伝統と制度へのただの感情的な愛着を、敵の国家と同盟国に対する優越感へと変えることがありうる。忠誠心は、他国との比較を必要としないのにもかかわらず、敵対心と外国人嫌いへと変容されてしまう。他方で、内戦は、脱領土化する力となりうる。つまり、絶え間なき反乱と騒乱によって政府を不安定にするか、もしくは、政府の同一性自体を、ちょうど革命のときのように一つの体制から別の体制へと根底的に変化させることで、国家の脱領土化を促していく。クーデターとは違い、革命は政府組織のあいだでの相互作用を逸脱していく。過去の革命で繰り返し現れてくる集合体のような最小限の集合体には、以下のようなものが含まれる。相対的な繁栄と上昇する期待の期間を過ごしたあと、これらの期待が裏切られるときの剝奪を経験する人口。支配する連合体とそれに挑戦する連合体のあいだでの戦い。そして、財政危機や不景気、対外戦争の敗北といったことのせいで政府の執行能力が低落するときにみられる、政府組織の脆弱性[54]。

所与の政府の市民にとって、対外戦争には明確な空間的な次元がない。つまり、「私たち」対「彼ら」という領土的な状況にかかわる明敏な感覚をともなうことのない外国人嫌いが形成されるという意味で空間的な次元がないのだが、他方では、政府組織にとっては、領土的な基盤を欠落させたテロリスト組織に脅かされるというのでなければ、こうしたことはさして問題ではない。しかしながら、政府組織の現代史のほとんどにおいては、政府という階層秩序は、国民国家や王国や帝国といった具体的な地政学的実体となって営まれてきた。そのうえ、一七世紀に三〇年戦争を終結させた平和条約の締結以後に西洋で発展した国際法は、境界づけられた空間的領土の内側で主権を法的に規定するといった空間の問題や、異なった組織の階層秩序が直面せねばならない軍事的な機会と危機を規定する戦略地政学的な問題と密接にかかわってきた。かくしてわれわれは、集合体の空間的な側面を参照しなくても分析できる範囲の限界に達した。[55] 次の章では、建物と街区、都市、都市の核が形成する階層秩序とネットワークといった小規模な集合体の空間的な側面をまずは考察したあとに、政府組織の分析と、近代の国民国家を産出した過程の分析に立ち戻ることにしたい。

注

（1） Max Weber, *The Theory of Social and Economic Organization* (New York: Free Press of Glencoe 1964), p. 331.〔マックス・ウェーバー『支配の諸類型』世良晃志郎訳、創文社、一九七〇年、一四‐一五頁〕
（2） Ibid., pp. 328-36.〔同書、一〇‐二六頁〕
（3） Ibid., p. 348.〔同書、四八頁〕
（4） Ibid., p. 359.
（5） ウェーバーが述べているように、もっとも合理的な官僚制においてさえ、「合法性信仰も慣れ親しまれたものであり、したがってそれ自体伝統によって底礎されたものなのである」(Ibid., p. 382.〔同書、一三二頁〕)。
（6） James Coleman, *Foundations of Social Theory* (Cambridge, MA: Belnap Press, 2000), p. 66.〔ジェームズ・コールマン『社会理論の基礎（上）』久慈利武訳、青木書店、二〇〇四年、一〇九頁〕
（7） 「病気の労働者は、既定の医療処置を施す医者により、治療されねばならない。そこでは労働者が効果的に治療されるかどうかはさして重要でない。バス会社は、多くの乗客がいるかどうかにかかわりなく、所要の路線を走らなくてはならない。大学は、各学部への入学者数とはかかわりなく、適切な学部の数を維持しなくてはならない。つまり、こうして行われることには儀礼的な意義があり、見た目を維持し、組織の正当性を認証する。」(John W. Meyer and Brian Rowan, 'Institutionalized organizations: formal structure as myth

and ceremony', in Walter W.Powell and Paul J.DiMaggio〔eds〕, *The New Institutionalism in Organizational Analysis*〔Chicago, IL: University Of Chicago Press, 1991〕, p55)

(8) W.Richard Scott and John W.Meyer, 'The organization of societal sectors: propositions and early evidence', in Powell and DiMaggio〔eds〕, *The New Institutionalism in Organizational Analysis*, p.124. 社会学における新制度学派の業績は有意義なものに思われるかもしれないが、一つの点で、決定的に不完全である。社会構築主義と、その観念的な存在論に依拠しているからだ。ゆえに、いくつかの組織にかかわる現実の技術的な問題が存在するということを表面上は認識しつつも、最終的に「技術的なものとみなされる」ものは単なるしきたりでしかない。つまり、それは定義の問題であり、技術的な要因と儀礼的な要因のあいだの区別を無意味なものにする見解でしかない。

(9) Michel Foucault, *Discipline and Punish: The Birth of the Prison* (New York: Vintage Books, 1979), p.169.〔ミシェル・フーコー『監獄の誕生』田村俶訳、新潮社、一九七九年、一七一頁〕

(10) Ibid., p.171.〔同書、一七六頁〕

(11) Ibid., p.153.〔同書、一五七頁〕

(12) Ibid., p.195-6.〔同書、一九八－一九九頁〕

(13) Ibid., p.191-2.〔同書、一九四頁〕

(14) Ibid., p.190.〔同書、一九二頁〕

(15) Weber, *The Theory of Social and Economic Organization*, p.370.〔ウェーバー『支配の諸類型』、九八頁〕

(16) ドゥルーズが集合体の分析をフーコーの仕事へと応用するとき、彼は病院と監獄の建物を物質的な構成要素として選び出し、医学ないしは犯罪学の言説を表現的な構成用として選び出す（Gilles Deleuze, *Foucault* (Minneapolis, MN: University of Minnesota Press, 1988), p.62〔ジル・ドゥルーズ『フーコー』宇野邦一訳、河出文庫、二〇〇七年、一一六－一一八頁〕）

（17） Jeffrey Pfeffer, Gerald R. Salancik, *The External Control of Organizations: A Resource Dependence Perspective*（Stanford, CA: Stanford University Press, 2003）, p. 46.

（18） Ibid., pp. 48-50.

（19） Ibid., p. 51. こういった有益な洞察を示しているのにもかかわらず、資源依存の理論には重大な欠陥がある。著者たちは、組織（あるいはむしろその管理職員）が他の組織との関係性を「知覚する」方法について考えるとき、社会構築主義に立脚するが、そのために彼らは、組織の環境が、組織が実際に注意を向ける関係により創出されるという観念論的な結論に帰着する。彼らが述べているように、「組織の環境が、注意を向ける過程によって立ち上げられ、創出されると述べるなら、客観的な環境の特質よりはむしろ、組織が情報を取捨選択するときの決定過程の特質のほうが重要であるということになる」（ibid., p. 74）。だが、環境が組織にもたらす機会とリスクの客観的な配分から目を逸らしたいなどと、一体誰が望むだろうか。資源を獲得する現実の機会と、組織が資源に関して抱くことになる認識のあいだの区別を維持することでのみ、「見過ごされた機会」について（あるいは、自律性を喪失するという現実のリスクについて）語ることが可能になり、かつ、現実の依存性に対処する組織の能力にそういった誤った価値評価が与える影響について語ることが可能になる。「立ち上げられた環境」という概念は実のところはまったく役に立たないが、資源依存の理論における社会構築主義的な側面はそれ以外の側面から容易に切り離すことができるという事実は、その役割が技術的なものというよりはむしろほとんど儀礼的なものであることを示している。

（20） Ibid., Ch. 6.

（21） Walter W. Powell, 'Neither Market Nor Hierarchy: Network Forms of Organization', in Michael J. Handel (ed.), *The Sociology of Organizations*（Thousand Oaks, CA: Sage, 2003）, p. 326.

（22） John R. Munkirs and. James I. Sturgeon, 'Oligopolistic Cooperation: Conceptual and Empirical Evidence of Market', in Marc R. Tool and Warren J. Samuels（eds）, *The Economy As a System of Power*（Brunswick, NJ: Transaction Press, 1989）.

(23) Paul M. Hohenberg and Lynn Hollen Lees, *The Making of Urban Europe, 1000–1950* (Cambridge, MA: Harvard University Press, 1985), p. 202.
(24) Michael Best, *The New Competition* (Cambridge, MA: Harvard University Press, 1990), pp. 14-5.
(25) Ibid., p. 205.
(26) Annalee Saxenian, *Regional Advantage: Culture and Competition in Silicon Valley and Route 128* (Cambridge, MA: Harvard University Press, 1996), pp. 2-3. 〔アナリー・サクセニアン『現代の二都物語』大前研一訳、講談社、一九九五年、二二–二三頁〕
(27) Pfeffer and Salancik, *The External Control of Organizations*, pp. 94-5.
(28) Best, *The New Competition*, pp. 239–40.
(29) Howard T. Odum and Elizabeth C. Odum, *Energy Basis for Man and Nature* (New York: McGraw-Hill, 1981), p. 41.
(30) Saxenian, *Regional Advantage*, pp. 34-6. 〔サクセニアン『現代の二都物語』、七〇–七六頁〕
(31) Pfeffer and Salancik, *The External Control of Organizations*, pp. 178–9.
(32) Walter W. Powell and Paul J. DiMaggio 'The Iron Cage Revisited: Institutional Isomorphism and Collective. Rationality in Organizational Fields', in Powell and DiMaggio [eds], *The New Institutionalism in Organizational Analysis*, pp. 71–2.
(33) Michael T. Hannan and John Freeman, *Organizational Ecology* (Cambridge, MA: Harvard University Press, 1989), p. 66.
(34) Oliver E. Williamson 'Transaction Cost Economics and Organization Theory', in Oliver E. Williamson (ed.), *Organization Theory* (New York: Oxford University Press, 1995), p. 223.
(35) Oliver E. Williamson, 'Chester Barnard and the Incipient Science of organization', ibid., p. 196. 〔オリバー・E・ウィリアムソン「チェスター・バーナードと初期組織科学」、オリバー・E・ウィリアムソン編

『現代組織論とバーナード』飯野春樹監訳、文眞堂、一九九七年、二六二頁〕

新制度派経済学の関心はときに（製造と販売のいずれかを選ぶか、もしくは内部の階層秩序と外部市場のいずれかを選ぶというように）あまりにも狭いので、生じうる可能な資源依存のすべてを網羅することはない。とりわけ、同じ規模の組織のなかでの分業は（つまり、比較的大規模な企業のあからさまな優位といったことがない場合には）、類似していないが緊密に相補的である生産物や活動への特化に帰結するかもしれない。これはさらに企業へと別の選択肢をもたらすが、つまり、製造と販売のあいだの選択ではなく、製造と協調のあいだの選択である。その結果である相互依存性は、技術、規格、さらには人材といったものの移転、交換、ないしは共有に立脚する、連携ないしは協力に帰結するかもしれない。以下を参照。G. B. Richardson, 'The organization of industry', in Peter Buckley and Jonathan Michie (eds), *Firms, Organizations and Contracts* (Oxford: Oxford University Press, 2001), pp. 59-63.

（36） Terry M. Moe, 'The politics of structural choice: toward a theory of public bureaucracy', in *Organization Theory*, p. 125. 〔テリー・M・モー「構造的選択の政治学——公的官僚制の理論に向けて」、ウィリアムソン編『現代組織論とバーナード』、一六五頁〕

（37） Best, *The New Competition*, p. 82.

（38） Jeffrey L. Pressman and Aaron Wildavsky, *Implementation* (Berkeley, CA: University of California Press, 1984), Ch. 5.

（39） Daniel A. Mazmanian and Paul A. Sabatier, *Implementation and Public Policy* (Lanham, MD: University Press of America, 1989), p. 9.

（40） B. Dan Wood and Richard W. Waterman, *Bureaucratic Dynamics* (Boulder, CO: Westview Press, 1994), pp. 22-30.

（41） Pfeffer and Salancik, *The External Control of Organizations*, pp. 210-1.

（42） Charles Tilly, *Stories, Identities, and Political Change* (Lanham, MD: Rowman & Littlefield Publishers,

2002), p. 13.

(43) Hannu Nurmi, *Comparing Voting Systems* (Dordrecht: D. Reidel, 1987), pp. 2–3.

(44) James O. Freedman, *Crisis and Legitimacy: The Administrative Process and American Government* (Cambridge: Cambridge University Press, 1978), pp. 16–9.

(45) Ibid., pp. 44–6.

(46) Ibid., pp. 129–30 and 161–6.

(47) Wood and Waterman, *Bureaucratic Dynamics*, pp. 33–7.

(48) Ibid., p. 144.

(49) Rolf Torstendahl, *Bureaucratisation in Northwestern Europe, 1880–1985* (London: Routledge, 1991), pp. 203–16.

(50) David Sanders, *Patterns of Political Instability* (London: Macmillan, 1981), pp. 5–10.

(51)「法定の基本方針と政策決定のあいだの相違はほとんど必然的である（その理由が、一般法則を特殊事例にいかにして適合させるかをめぐる意見の不一致以外の何ものでもない場合には）。だが、法令が曖昧でない方針を規定し、実施命令を、協力的でそれを第一に優先させる部局に下し、禁止事項の数を最小化し、反抗的な職員にやる気を出させるべく十分な誘因（補助金や、関連のない政策における代償的な変化）を与え、技術的な分析をおこない個々の事例を処理するために十分な金融資源を与え、プログラムされた方針のための決定ルールと接続ポイントにバイアスをかけるようなばあい、そうした違いを取り除くことができる。」(Mazmanian and Sabatier, *Implementation and Public Policy*, p. 36)

(52) Douglass North, *Institutions, Institutional Change and Economic Performance* (New York: Cambridge University Press, 1995), pp. 120–31.

(53) Tilly, Stories, *Identities, and Political Change*, p. 129.

(54) T. K. Oommen, *Citizenship, Nationality and Ethnicity* (Cambridge: Polity Press, 1997). 国家が主導する

ナショナリズムと国家を要求するナショナリズムの違いについてはp. 34を参照のこと。また、具体的な事例におけるそれらの混合についてはp. 135-45を参照のこと。

(55) Charles Tilly, *Big Structures, Large Processes, Huge Comparisons,* (New York: Russell Sage Foundation, 1984), pp. 103-11.

訳注

〔1〕山垣真浩「雇用契約における雇い主の「権限」——労働条件決定の政治経済学」(『一橋論叢』一三〇巻六号、二〇〇三年、五二七-五四九頁)によれば、雇用契約と販売契約の違いについて、ハーバード・サイモンが次のように定義している。「サイモンによれば契約には「雇用契約」と「販売契約」の二種類があり、前者は「販売契約——価格理論の通常の公式において仮定されているような契約——とは根本的に異なって」おり、「W〔労働者《ワーカー》〕がB〔上司《ボス》〕の権限(authority)を受け入れることに同意し、BがWに対し所定の賃金(ω)を支払うことに同意する」契約である」(五三四頁)。山垣は、サイモンの以上の考察について、次のように注釈する。「販売契約とは、契約時に商品の質、量、価格いずれも完全に特定する契約である。だから完備契約である。これに対し雇用契約は報酬ωと権限の範囲Xしか決めないで、Wのなすべきことまでは具体的に特定しないから不完備契約である」(同)。

第五章　都市と国家

対人的なネットワークと制度的な組織であれば、それらが空間のなかに占めている位置に言及しなくても、研究できるかもしれない。なぜなら、コミュニケーション技術のおかげで、それらを規定する結合と形式的な場が創出され、距離をへだてたところであっても維持することができるようになるからだが、より大きな規模へと考察を進めていくならば、空間的な諸関係が決定的なものとなっていく。たとえば都市のような実体は、人物、ネットワーク、組織の個体群全体で構成されているのだが、それらを概念化するためには、建物、街路、事物とエネルギーの循環のためのさまざまな経路など、空間的な諸関係によって部分的には相互に規定されている物理的インフラを度外視できない。事実、領土性が発生させる社会的な諸関係を社会学者たちが見出したのは、かの有名なシカゴ学派が、都市の環境を空間的な局所性というだけでなく、習慣的ないしは日常的な実践によって時間をかけて構造化される場とみて研究し始めた、一九二〇年代においてであった[1]。より最近では、都市地理学者の業績にある程度は影響をうけたアンソニー・ギデンズのような社会学者がこの主題へと立ち返り、「地域化された地区（regionalized locale）」という概念を援用しつつ、社会的領土を再概念化している。

地域は、相互作用の背景となる空間の用途と関連するが、相互作用の背景はさらに、条件性の特定にとって本質的なものである……地区は、住宅のなかの部屋、街角、工場の作業現場、街と都市、国民国家が領有している領土として区分された領域にまでおよぶ。だが地区は、とりわけそれの内側で地域化されており、相互作用の文脈の構成においては、地区のなかにある地域が決定的に重要である……空間ではなくて「地区」という言葉をつかう理由のひとつには、背景の特性を、空間と時間にまたがっている出会いを構成することにかかわる行為者が常習的に活用するということがある。（地区的なものは）、出会いや社会的な出来事の持続を存続させるために、行為者の軌道の身体的な動きが静止させられるか縮小されるような「停止点」となりうる……「地域化」は、空間における地域の形成としてだけではなく、日常化された社会実践と関係のある時空間の区分化として理解されるべきである。したがって、個人住宅は、典型的な一日において生じる相互作用の大規模な群のための「停留所」としての地区である。現代社会における住宅は、床、ホール、部屋へと地域化されている。だが、家のさまざまな区分は、時間においても空間においてもさまざまに区分化されている。部屋の一階は、たいてい昼の時間に使用されるが、寝室は個々人が夜に「ベッドに潜り込む」ためのものである。(2)

ギデンズは、地域化された地区を、社会的な律動によって時間をかけて構造化された物理的な領土として記述するのだが、地区と地域の違いを区別するのに用いられる表現的な要素がその定義を補足するのであれば、彼の記述は集合体の手法とうまく適合するものとなる。しかしながら、律動的で周期的な習慣を強調するのは、問題を発生させることになると思われる。前の章で私は、社会的な行動を説明するとき、それが平穏無事な状況において生じるものでないならば、習慣的な行動だけでなく、意図的な意思決定をも考慮にいれねばならないと論じた〔本書一四六頁〕。だが、都市的な構成要素の形態に及ぶ人間行動の影響を研究するとき、日常的な活動を重視するのは正しい。というのも、歴史家のフェルナン・ブローデルが思い出させてくれるように、都市の形態は、きわめてゆっくりと変化する傾向にあるからだ。彼がいうには、家は「どこにある家であろうと持続してきたのであり、もろもろの文明・文化——それらは執拗に保全し、維持し、繰り返そうとする——が緩慢にしか変わらない[3]」。変化が緩慢であることを前提とするなら、仕事や買い物のための外出といった、都市にその日常的な律動をあたえる人間活動を強調するのは、間違っていないように思われる。なぜなら、それらの活動はあまりにも規則的であるため、都市の形態に長期間にわたって作用するからだ。他方で、このゆったりとした調子が加速する歴史的な瞬間が目撃されるような状況においては、決まりきったことだけでなく選択という要因を考慮しなくてはならなくなる。というのも、都市形態の変化が加速するとき、とりわけ伝統と、さらには意図的な設計からの切断が生じることになるからだ。

建築の分析

今は、これらの地域化された地区にかんする集合体的な分析を行ってみるが、まずは、個々の建物から始めてみよう。建物の物質的な役割をはたすのは、なによりもまずは、建物がしっかりとした耐力構造をそなえたものとなることを可能にする構成要素である。二階か三階建て程度の建物のばあいは、壁そのものが柱や独立梁と一緒になってこの役割を果たすが、政府、宗教、企業といった大規模な建物は、高層のものとなればなるほどより洗練された技術を活用しなくてはならない。高層ビルの設計者がよく知っているように、めざましい高さに達するならば、形態上の根底的な変化が必要とされるが、そこで活用されるのが、たとえば鉄や鋼鉄のフレームの相互連関である。それらは一八五〇年代に始まったが、壁を耐力構造の役目から解放し、たんなる仕切りに変えた。物質的な役割をはたす他の構成要素は、建物の地区の接続を規定する。地区が、個々人の日頃の歩みが交錯する駅であるとするなら、この地区を部分として含む地域は、人間身体と他の様々な物質的な実体の循環経路を下支えすべく相互に連結されねばならない(4)。単純な住居では、この接続を実現するのは、扉、廊下、階段であり、さらに、空気と光の循環のための窓である。他方で、より高層の建物のばあい、その内側での輸送技術が必要とされるかもしれない。したがって、内部への金属製のフレームの導入が日の目を見たのと同じ時代に、旧式の機械的な運搬器具が初期のエレベーターへと変容し、これと呼応して、建物の垂直的な接続における変化が起こった。

　接続の仕方に生じた変化は、ひるがえって、すでにある地域でおこなわれている社会活動に対しさまざまなやりかたで影響を与える。たとえばフェルナン・ブローデルは、いくつかの居住用の建物の接続の仕方が一八世紀にめざましく変化したのと同時に、部屋の機能はよりいっそう特殊化され、とくに寝室が完全に切り離された領域になったと論じている。彼が書いているように、新しい接続性は、以前の建物の特徴となった接続性と明確に違うものとなっている。

一七世紀のパリの館においては、二階はその建物の主人たちが住むための品位の高い階であったが、そこでは控えの間・客間・回廊・寝室と、すべての部屋が――ときには部屋どうし区別がつけがたかった――一列に連なっていたのである。階段へ行きつくためには、日常の仕事に携わる召し使いを含めて、だれもがこれらの部屋を横切らなくてはならなかった。(5)

百年後、いくつかの部屋は公的になり、他の部屋は真に私的なものになったが、それは、家のなかでの日常的な循環経路が今度は扉と廊下のさまざまな配分に制約されるようになったという事実の帰結でもある。プライバシーはある意味で、これらの地域を新たに領域化することをつうじて創出された。居住のためでない建物では、接続の経路に対してエレベーターがひき起こした変化が、被雇用者の循環形態を水平的な形態から垂直的な形態へとひっくり返したが、たくさんの労働者を収容するための手近な建物を会社が確保できないときはいつであれ、そうしたことが起きたのである。都市地理学者のジェイムス・ヴァンスが書いているように、

金融街では、機械化された昇降機は決定的に重要であった。というのも、単一の組織かもしく

は少数のまとまりに関連づけられた組織において比較的はっきり区別されている従業員の集団の大半がこの機械化された移動手段を利用するようになったからだ。歩行のための区画は、法律事務所の共同体や医療行為の共同体、あるいはとても大きな単一の保険会社を収容するために建設された構造体のなかでのように、いくつかの隣接する建物のなかでつくりだされることもある……ニューヨークとシカゴで建造されることになった初期の高層ビルが主として保険会社のために建てられ、初期の建物にはエレベーターが備え付けられたということは、まったくの偶然ではないと私には思える。都会の大規模な新聞社は、高層ビルの建設へのさらなる新規参入者だったが、多数の労働者をその各々の建物の高いところにいたるまで収容し、さらにエレベーターによって、迅速な対人コミュニケーションを確実にするということに利点をみいだした。[6]

内部輸送の導入には、表現的な効果もあった。したがって、たとえばパリでは、エレベーターの導入以前に建設された集合住宅の建物には、垂直的な階層化があからさまに現われていた。つまり、そこで住民の社会的な地位は、上階にいけばいくほど低くなっていった。エレベーターの導入後には、この領域の階層化は逆転し、上階であればあるほど高い地位を表現するようになった。[7]他の表現的な構成要素は、建物のなかで繰り広げられる活動によって変動する。住むための建物の場合には、内側の領域にある際立った家具と壁、床、天井の装飾は、社会階級の領域確定にしばしば一役買うことになった。ルネサンス期のイタリアの貴族の家では豪華であるということが誇示されているが、ブローデルによれば、それはじつのところ、贅沢を支配の手段として用いる一つの方法である。だが彼が引き続き論じているように、この贅沢は純粋に表現的なものであった。なぜなら、何世紀も後にいたるまでそれは物質的に恵まれていることとは何ら結びつくことのないものだったからである。[8] 公共的な建物の場合、とりわけ重要な例は、大聖堂、教会、モスク、シナゴーグであるが、それらは、礼拝と参列と宗教的な式典のために活用される拠点である。これらの建物は、幾何学と比例を表現のために用いることをつうじて、聖別化された領域を世俗的な領域から区別しなくてはならない。たとえば中世のヨーロッパでは、十字形の全体像、アーケードのついた廻廊、ステンドグラスの窓にみられる律動的なパターンはすべて、聖別化された領域を明示するものである。おそらくこれらの空間表現は、しばしば宗教的な表象と共存した。たとえば、イギリスのゴシック教会の扇状ボールトは、上向きに放射状にひろがっていく一連の肋材とともに、聖化された領域を際立たせるのにうまいことと適合している、拡張的で上行的な動きを表現している。この物理的な表現はもちろん、言語的な表現（たとえば、天国は地上の上にあるという信仰）と一緒になって作動せねばならないが、それらには還元されない。

　これらの集合体の同一性を安定させるか不安定にする過程は何か。中国やインドやイスラム文明圏だけでなく、ヨーロッパの貧困層でも、建築技術と素材だけでなく、家具や他の内装の要素の進化に関していえば、伝統の重みが、ほとんど圧倒的なまでに存在感をはなつもののように思われた。他方で、流行の誕生は、それが最初はヨーロッパの富裕層に限定されていたのにもかかわらず、脱領土化の効果をもたらすことになった。流行の変化率が、私たちが今日慣れている速度に近接したのは一七〇〇年代になってのことであったとはいえ、それでも流行は、建物の内装と外装の進化の速度をものすごく加速させた[9]。流行の背後にあった推進力は、身体と家を装飾する方法によって社会階級の領土を見せびらかしたいという欲望だけでなく、さらに、ヨーロッパの上流階級は、自分らしさをはっきりと示す表現的な表徴が、豊かな商人と職人の社会的移動性の高まりによってつねに脅かされているのを見て取ったという事実からも引き出されてきた。これは、変化を駆り立てていく、螺旋状の「拡大競争」に帰着した。ブローデルが書いているように、

わたしはつねづねこう考えてきた。流行はどこから生じるかといえば、その相当部分は、特権的な人たちがあとに続く集団からなんとしても自分を区別し、障壁を設けようとする欲求から生じているのである。……明白なことだが、追随者・模倣者の圧力がこの競争を絶えず活気づかせたのである。しかし、そうなってきたのも、繁栄のおかげで相当数の成金が特権的な利益を得て進出したからである[10]。

建物の同一性を脱領土化する別の過程は、これらの建物に時間的な変動をもたらす日常の営みにかかわるしきたりに生じる、目覚しい変化である。権威構造のそなわる組織の場合、立法ないしは施行の実行において生じる変化は、地域の同一性に影響をあたえるかもしれない。たとえば、一七世紀と一八世紀に古い施行のしきたりが新しいしきたりに置き換えられたが、それにより、工場と監獄と病院と学校の建物の明確な領域区分と接続が発生した。ミシェル・フーコーが論じているように、これらの建物は、

ただ単に見てもらうため（宮殿の豪華さの誇示）や外部空間を監視するため（要塞の幾何学的布置）にのみもはや造られているのではない建築物、有機的に配置され細部に及んだ内的な取締りを可能にするため――そこにいる人々を可視的なものにするため――に造られるそうした建築物である。（中略）閉じ込めと閉鎖状態とを旨とした――あつい壁、出入りを防止する頑丈な扉を中心とした――古い単純な図式にかわって出現しはじめるのが、開放状態、満員と欠員、通路と透明などについての計算である。(11)

ここで述べられていることを、省庁などの他の類型の場へと、拡大適用することができる。たとえば官僚組織も空間のなかで細分化され、各々の執務室へと割り振られ、自分たちの仕事とは直接にはかかわりのないいかなる活動からも切り離されていなくてはならない。ギデンズは書いている。「執務室の物理的な分離は各々を互いから引き離し、部屋のなかにいる職員に一定の自律性を付与し、階層秩序の強い標識となることもある(12)」。

流行や、空間の規律＝訓練のための活用がもたらす変化が示すのは、建物がよく似た集合体の寄せ集めにおいて存在するという事実だが、というのも、いずれの場合にも、新しい形式が時間をかけて全個体群へと拡がっていくのはどのようにしてであるかが重要だからだ。これらの建物の個体群は、ひるがえって、居住地域、商業地帯や工業地帯や官庁街、さらには売春街のような悪場所といったより大規模な集合体を形成する。これらの大規模な集合体で物質的ないしは表現的な役割を果たすのはどの構成要素なのか。物質的な側面では、隣人たちの日々の道のりが周期的に交錯するための停留所を定める物理的な場のすべて（街角、教会、パブ、小店舗）を列挙することができるが、それだけでなく、こういった場のなかで必要とされる接続のための街路を挙げることもできる。一九世紀には、そこに上水と下水の管、初期の街灯の動力源となったガスの導管をはじめとする地下インフラの全体が含まれ、二〇世紀には電線と電話線が含まれることになった。

表現的な側面においては、地区の個性を規定するのは、建物の外観であり、正面の装飾（ないしは装飾の欠如）である。居住用の地区では、街路が狭いというだけでなくその配置が複雑な迷路を織り成しているが、家の正面はどちらかといえば飾り気がない状態で保たれている。したがって、表情の豊かな外観は、まずは公共的な建物で明瞭に現れる。こういった公共的な建物はとりわけ中央広場に位置しているが、そこではとりまく空間が眺望を開く。それは、独特の視覚的経験を得る機会となるが、教会や官庁や記念建造物へとつづく直線道路のおかげでいっそう際立つものとなる。貴族が居住する建物は、一五世紀までには公共的な建物群の一部になるが、それはちょうど、ヨーロッパの富裕層が自宅の立地のために目につく場所をじっくり探し始めたのと同時期である。これらの建物の周囲で充分な空間が確保されたときにようやく、表情の豊かな外観の誇示と、それを助長した階級間の競争が、外観に反映されるようになった[13]。街の広場は、眺望を開くというだけでなく、それとは別の表現的な役割を果たした。それは居住区の位置を確定する中心としての役割であるが、つまり、中心に近くなればなるほど、いっそうの社会的な特権性を表現することになる、というように。こういった同心円状の布置は、多くのヨーロッパ中世の街の特徴であったが、アルプス山脈の南部ではいっそう顕著であった。商人や職人が共同社会を形成している北部では、市場が都市の中心を占め、そこに接近しやすいかどうかが場所の良し悪しを決定した。社会的な分離というよりはむしろ機能的な分離であるが、これは、より平等主義的な表現性の形態に帰着した。ヨーロッパ内の経済的に遅れた地域を植民地化するための手段として中世後期に活用された「バスティード」と呼ばれた計画都市ではとりわけそうだった[14]。

土地の集積と分離

つぎに私たちは、境界線を明確にし、所与の街区の内的な同質性を高める過程を挙げねばならない。集まりと分離の過程は、この領土化の機能を遂行する過程の一部分である。ジェイムス・ヴァンスが書いているように、

都市で育まれた活動には、特殊化された限定的な領域のなかで一緒になり、内的な連関によって一つの集まりへと区分されていく傾向が強く見られる。共有された資源の使用であれ、共通の顧客集団への販売であれ、所与の宗教の実践であれ、あるいは特定の言語を話すことであれ、制度的な実践は集まりの過程を形づくるのであるが、それは内から誘導され、規模の問題に敏感に反応する。特定のことをしている数人は普通に集まっていくが、はっきりとした集まりをなすというのではない。その数が、領域としての広がりをもつパターンを示すほどにまで増加するとき、地理的な集まりがみられることになる。……集まりと対比されるのが、外的な力によって誘導される、表向きは類似した個々人の同じように広がりをもつ集合である。それらはおのずと一つに

集まっていくのではなく、分離されることで一緒になることを強いられる[15]。

商業と工業地域は、しばしば集まりと分離の過程に従ってきた。職種を同じくする職人と貿易商は従来から集まりをなしていく傾向にあるが、食肉処理のような忌み嫌われる営みはしばしば制度的な分離の標的になった。だが、居住地域の住人も、このような集まりの過程をへることでえられる、比較的よく規定された境界と画一的な内的構成を求めている。制度化された分離の事例はおそらくはもっともわかりやすい例だが、というのも、この場合には、居住地の境界と構成の両方が法律によって成文化され、政府組織によって執行されるからだ。だが、比較的統合された居住地に住みたいという欲求が住民にみられるときであっても、集まりは、(人種、民族集団、階級、言語のせいで) 比較的同質的な構成に帰着することにもなる。自分たちでは差別しようとはしない人びとが、隣近所とのかかわりや、あるいは居住地のなかで自分たちの数がどれほどであるかということとのかかわりのなかで、自分たちもまた少数者の立場になることを望まないときには、居住地の構成においては決定的な閾値が存在している。そこを超えたら、地域から集団が続々と逃げ出していくのを促していく、連鎖反応が起こることになる[16]。

脱領土化の過程の重要な事例は、増大していく地理的移動性と、特定の居住区や地区のための土地使用の配分に地代がおよぼす影響である。都市研究の先駆者であった社会学者たちがかなり以前に指摘したように、分離は居住地域の境界を明確にする一方、輸送はそれらの境界を曖昧にしていく傾向にある[17]。機械輸送のおかげで増大した移動性がもたらす不安定化の好例としては、労働者階級の住民が一九世紀の終わりにかけて生じさせた変化をあげることができる。これらの居住地域は、仕事への通勤が歩行であったときには境界が明確に定まっていたが、電車が利用可能になったのにともない、工場の近くに住む必要がなくなり、より多孔的な境界をもつ新しい労働者の郊外が出現した。ヴァンスはその状況を次のようにして要約している。

イギリスの工業都市での建物とその用法の基礎となる集合体は、一つかそれ以上の工場の周りに立ち並ぶ住宅で構成され、静かな地元の店とパブで支えられている労働者階級の住区であった。立地の決め手となる要因は工場だったが、なぜなら労働時間は長く、仕事への一般的な交通手段は実質的には徒歩だったからだ。その結果は、小規模で明確に限定された街区でできている、都市か都市圏の創出であった。そこではほとんどの人々の日常生活が営まれているが、衣服や家具や生鮮食品の購買のために商業地区やスーパーや商店街へと毎週かもしくはそれよりも頻繁でない程度で訪問すること以外には何も起こらない生活である。移動範囲のかぎられたこの生活の状況は、仕事と住居の条件と、機械化された交通手段を経済的な要因のせいで利用できないということのために、強制的に発生させられた。自転車と路面電車、そして最後には電車で海辺へと安い料金で遠足するということが労働者階級の生活の一部となった一九世紀になってようやく、生活に課せられたこの狭隘な地理的な制約の軛を、かなりの程度逃れることができるようになった。[18]

増大した地理的移動性は今度は、土地の割り当てと土地使用が街区の同一性にいっそうの変化を生じさせるようになっていくのと、相互作用した。中枢の機関にはつねにこれらの割り当ての決定におよぼす発言力があったが、今も依然としてそうなので、ゾーニング規制には領土化の効果がある。他方で地代は、経済的な投機を引き起こすほどにまで十分に流動的であったときには強力な脱領土化の力となり、土地を所有することの理由を、土地で起こる活動への考慮から引き離し、一つの土地利用を別の土地利用へと比較的速く置き換えていく。初期の都市社会学者たちは、この現象を土地の遷移と呼んだが、この呼称は、生態システムが植物の最大限度の混合を促すようにして発展していくのにともないある所与の植物の集合体が別の集合体に変わっていくという生態学的なシステムにちなんでいる。これらの社会学者たちは、植物ではなくて土地利用に関心をむけ、この遷移を、都市中枢からの同心円的な拡張としてモデル化した。中枢には中心業務地区が鎮座し、そのまわりを軽工業と荒廃している住宅地区といった過渡的なゾーンが囲んでいる。次には労働者階級の住宅区からなる円周がくるのだが、それに続くのが中層か富裕層の住宅地区であり、最終的には郊外か通勤者たちのゾーンへと至る[19]。

これらの初期の研究は、しかしながら、単一の都市（シカゴ）に着目し、遷移を促す力学にかんする説明は不十分だった。同心円モデルは、都市中枢からの距離とともに所得が上昇していく傾向にあるアメリカの多くの都市には適用できるように思われるが、それと反対の傾向にあるヨーロッパ大陸の多くの部分にはあてはまらない[20]。その理由は過去の時代のヨーロッパ都市によって説明できるかもしれないし、私が前に論じたように、ヨーロッパの歴史の初期においては中心に近接していることがきわめて名誉あることであったという事実によって説明できるかもしれない。中心では、一九世紀には居住地が商業地へと置き換えられたが、それは一種の領域侵犯で、結果として中心的な商業地をつくりだすことになった。問屋の位置の決め手となるのは港湾か鉄道の駅への近さだったが、他方で小売店の位置の決め手となったのは、歩行者交通の強度と輸送ラインの交錯の度合いであった[21]。中心に近いところにある土地を獲得すると、小売店そのものは、(出店の位置の選択の自由度が高くなるため) 専門店やさまざまな商品を取り扱う店へと分化した。その典型が中心に位置するデパートで、その第一の例は、一八五〇年代のパリに出現した[22]。さらに、小売業は、情報の交換をともなうもろもろの活動――仲介業者、銀行家、宅配便業者、密売人において生じるような――と競争せねばならなくなり、そしてその店舗は、これらのサービス提供者と、オフィス空間をめぐって競争せねばならなくなった。次第に建物の高層化がすすむにつれてそれが位置する領域が垂直的に分化すると、店舗は一階部分を占め、オフィスは上の方の階を占めるというようにして、競争の強度が低減していった。

街と都市

土地の遷移の過程にかんする説明はすでに、個々の住宅区域をこえて、相互作用する住宅区域の個体群や集合にかんする考察に向かっている。そのうえこれらの相互作用は、中心の位置とのかかわりにおけるこれらの個体群の成員の総体的な位置に左右されるので、土地の遷移は、街区と区域を構成部分とする、より広大な集合体の存在をともなう。つまり、街と都市である。ひるがえって、街や都市のような広大な集合体はそのなかで進行する遷移の過程の影響をうけるかもしれない。先に論じたように、都市の中枢は、都市がただひとつ存在しているときにはとりわけ、都市の同一性を規定するのに大きな役割をはたす特権的な位置になる。中心街は、たとえば教会や城といった都市の中枢として使われている建物のおかげでその位置を確定し、さらにその街の歴史的な起源の表現としての役割をはたすかもしれない。同様に、中心が市場によって占められているときには、まさにこの事実が、街の商業的な特性を表現する。したがって、都市が単一の中心性を失うとき、その歴史的な同一性は影響をうけるかもしれない。中心の多元化は一九四五年以後多くの国で起こったが、それはちょうど、郊外化と自動車の使用が増大するのにともなって、都市の中心部が小売業にはあまり見込みのないものとなり、中心から離れた位置にあるショッピングセンターがますます普通のものになっていくのと同時である。

　だが、郊外と産業後背地が拡張していく前も、都市居住地の同一性はそれをとりまく周辺環境との関係性に依存している。比較的最近まで、周辺環境は、地方と農村を意味していた。街は以前から存在している地方のなかから合併と呼ばれる過程をつうじて現れるかもしれないし、あるいは逆に、以前から生活している地方住民を欠落させている地域で、周辺地域へと拡がっていく都市生活が営まれるよう計画されることもあるが、これは雌雄異株の過程と呼ばれる。[23]だが、街と地方の違いが確立される過程がはたして地方の内破か都市の爆発のいずれによってであるかはともかく、街と地方の両方を構成するのがこの差異である。つまり、日常的な活動の混合と人口の密度の差異である。日常的な活動の区分は、労働の分業というもっとも古い形態に立脚している。つまり、農業活動が一方にあり、他方には、商業、工業、統治といった活動がある。ここ二世紀より以前には、この諸活動の分離は完全には達成されていなかった。街にはやさい畑があり、その壁のなかでは家畜を飼育していたが、他方で農村は、小規模の産業に関与していた[24]。人口密度という観点からの区別もやはり様々であったが、たとえ不明瞭なものであっても、都市と農村のあいだには区別があった。小さな街よりも大きな村があったかもしれないが、街はつねに村よりも大人数の人びとを同じ大きさの空間のなかに住まわせていた。

街と地方の関係性は、それらが互いに供給しあう資源の観点から、描くことができるかもしれない。三〇〇〇人の中世都市はたとえば、住民のために十分な食料を調達するのにおよそ一〇の村（あるいは、八・五キロメーターの村）の土地を必要とした[25]。だがこれらの村は、逆に街から、市場によって供給される商業サービスや、組織によって供給される法、医療、金融、教育といったサービスを必要とするだけでなく、壁および軍隊を支えとする軍事力による防御を必要とした。だが、資源の依存性という相互性にもかかわらず、都市の特徴である、累積的で自己刺激的な力動性のために、都市はつねに地方を支配していく傾向にあった。これらの力動性にかんするモデルは多数存在する。そのなかには、ある場所における労働者の増加と、その場所における経済的な投資――民間であれ公共的であれ――の有効性とのあいだに生じる相乗効果を強調するものがある。あるいは、お互いに物資とサービスを供給しあうというだけでなくそれぞれの生産物への需要を互いに示しあう異なった経済活動のあいだに生じる相乗効果を強調するものもある。しかしながら、すべてのモデルにおいて、「空間集積それ自体が継続的あるいはより一層の集中をもたらす好ましい経済環境を形成する[26]」。これらの自己刺激的な力動性のおかげで、街には地方よりも急速に発展することが可能で、それにより影響力を増し、資源の相互依存性という対称性を破ることになる。

事実、都市の中心部にかんする集合体的な分析は、街と地方だけでなく、それらが位置する地理的な地域をも考慮に入れなくてはならない。地域は、集合体において物質的な役割を果たす構成要素の重要な源泉である。所与の都市居住地の地理的な場所と状況は、居住地に現実的な機会とリスクをもたらすが、居住地がそれらを利用するか回避するかは、社会的な実体（人、ネットワーク、組織）と物理的・化学的な実体（河川、海、表土、鉱床）のあいだの相互作用にかかっている。エコロジカルな構成要素だけでなく、物理的な形態や接続性というような、都市インフラを形成している構成要素が存在している。いくつかの街の物理的な形態は、街区のただの寄せ集めから生じるのかもしれないが、他方でその接続のいくつかの側面（市全体にまでおよぶ機械状の輸送機関と連関するもの）には、それぞれに固有の特性があり、街区そのものの形態に影響をあたえることになりがちである。そのもっともよい例がおそらく機関車である。その巨大な規模のせいで、停止することだけでなく減速してからあらためて加速することも困難になり、歩行者交通と交わらなくてはならないときはいつも、高架化されるか地下化された線路を建造することが必要となった。同じ物理的な制約は、駅のあいだに三から五キロメートルほどの間隔を設けることとなり、鉄道駅のまわりにおいて発展する郊外の空間的な配分に直接的な影響を与え、この配分に、郊外に特有のビーズ状をした形を付与することになった[27]。

都市という集合体で表現的な役割をはたす構成要素は、街区という構成要素のたんなる寄せ集めであるか、もしくはそれら以上のものとなることもありうる。街の居住用住宅と建物の集まりや、教会と公共的な建造物の装飾をほどこされた上端部が、空を背景にして描き出すシルエットを例にして考えてみよう。ときとしてこのスカイラインは、たんなる寄せ集めから生じる効果だが、鐘楼、尖り屋根、〔イスラム寺院の〕光塔、円屋根、尖塔、さらには大煙突、給水塔、溶鉱炉の円錐筒といったモチーフの律動的な反復と、これらのモチーフが周囲をとりまく景観の特徴へと関係づけられていく様子は、ただの総計をこえた全体へ行き着くことになるかもしれない[28]。いずれにせよ、スカイラインは、たとえつつましいものではあっても、何世紀ものあいだ都市へのさまざまな道程をとおって訪れる人びとの目を楽しませてきたし、その領土的な同一性を視覚的に示す表徴をつくりだしてきた。これはとりわけ、郊外と産業後背地が都市の境界線を曖昧にしていく以前についていえることだったが、巨大な摩天楼が建つ都市には、新しい条件であっても、依然としてこの物理的な表現が存在していた。しかしながら、建築史家のスピロ・コストフが示唆するように、新旧のスカイラインが領土の特徴になっていく過程にはときに、旅行者向けのコインや絵画や印刷物にみいだされる、さまざまな視覚的表象がかかわってくる[29]。

　都市の同一性を安定したものにする過程には、物理的境界が明確であるということだけでなく、これらの境界の内側で営まれている日常的な人間の実践が関係してくる。とりわけ、住むという実践に固有の形態が関係してくる。たとえば古代のギリシアの都市では、実際に生活している人口は、夏のあいだの数ヶ月か経済的に困窮するとき、彼らの地方の家へと戻った。この習慣は逆に、街のなかで居住地を形成してきた集住過程に影響を与えた。居住者は、彼らの出身地である地方の場所の近くに集まる傾向にあり、その地理的な絆を維持していた[30]。さらに、軍事的な脅威が迫ると、ギリシアの街の住民たちは壁の背後へ隠れるのではなく、分散した。この要因の組み合わせの結果、地方と混じり合い、明確に規定された同一性をもつことのない街が成立することになった。それと反対の例は、中世ヨーロッパの都市だが、そこでは要塞化された壁が、包囲攻撃の最中に地方人口を防御するというだけでなく、不明確な部外者から守られているという感覚をもたらした。さらに、石の壁は、市民権の限定性と特権性の及ぶ範囲の限界を明示していたが、それは、二重居住権を行使する者であっても市民権を取得できるギリシアの場合とは異なっていた。総じて、中世都市には、地区としてのよりはっきりとした同一性が備わっていた。ブローデルが書いているように、これらの都市は、「西ヨーロッパに初めて生じた《祖国》であって、領土に根ざす愛国心――それは形成されだしたばかりの諸国家においてはなかなか出現しなかった――がまだ長らく発達しなかったのに較べて、都市の愛国心のほうがたしかにより首尾一貫し、はるかに自覚的だったのである[31]」。

古代ギリシアにおける故郷の街と、壁で囲まれた中世の都市は、都市の境界の二つの極限形態を現している。その中間に位置する興味深い事例を提供するのは、一九世紀における郊外の出現であり、二〇世紀におけるその増殖であった。第一に、郊外と産業後背地は、なにもなければその中心部と過去からつづく同一性を維持していたはずの都市の外側の境界をまったく不明瞭なものにしたのであったが、第二次世界大戦後には、郊外都市で埋め尽くされた場所が増大したというだけでなく、郊外都市に特有のさまざまな土地利用（小売店、卸売店、製造業、オフィス空間）が増大し、古くからある中心業務地区の特徴であった複雑な結合体を再創出した。以前にも論じたとおり、この過程は、郊外地帯にまったく新しい中心部を創出した。ときには、これらの中心の周囲にある都市の生活領域はあまりにも自足しているために、そこの住人が日頃行き交う通路は、その限界の外にゆくことがなかった[32]。したがって、中心が真に多数存在している都市空間を創出することで、郊外の成長は――そして自動車と高速道路がもたらす接続性における変化は――強力な脱領土化の力となって作用した。

いつものように、単独的で個体的な実体にかんする集合体的な分析は、これらの実体で形成される人口にかんする研究で補完されなければならない。街と都市の人口の重要な特性は、新しい都市居住地における出生率だけでなく、古い居住地の消滅率でもある。これらは、特定の地理的な領域で進行する、おおよその都市化率を決定する。ヨーロッパの事例では、都市化は一一世紀と一二世紀に高まり、一六世紀にまたも加速化し、産業革命につづく世紀にかけてさらに速度を上昇させた。一三五〇年と一四五〇年のあいだと、一六五〇年と一七五〇年のあいだには、人間の人口とおおよその都市化率はともども低落したが[33]。都市建設の第一波は封建制を背景にして起こった。それは封建的な関係からのある程度の自律性が達成される、高い密度で人が住みつく領域――そこで都市の土地は依然として司祭や王子に属していたが、全体としての都市は地代を払っていた――を創出したというだけでなく、都市がまだ十全な発展を遂げることができないために都市率が低いままである地域を創出した。

密度の上昇は、都市と封建的な組織との関係性へと影響をおよぼし、都市の人間関係を契約中心のものにしつつ、封建的な関係性への直接的な依存度を低いものにしたというだけでなく、都市のあいだでの経済的な相互作用の強度にも影響を与えた。一〇〇〇年から一三〇〇年のあいだの時期には、低密度の封建的な地域（スペイン、フランス、イングランド）にある複数の都市は、それらのあいだに規則的な関係性を発展させず、比較的閉じた政治経済領域のままであり、そのため貿易関係はほとんど地域に限定されたものであった。他方で、高密度の地域（イタリア北部、フランダース、ネーデルランド、ドイツのいくつかの部分）では、貿易はより頻繁におこなわれ、規模も膨大で、ほとんどの大規模な領域を網羅していた。その結果、都市のなかに、より規則的で持続する関係性が発生し、より大規模な集合体が創発するための条件——都市の階層秩序とネットワーク——を創出することになった。都市とそれをとりまく地方のあいだに生じた区別が意味するのは、自己刺激的な蓄積をつうじて資源の相互依存性の対称性を破ることだが、それとは別の蓄積的な過程——これは、封建的な組織からの微分的な自律度、輸送の異なる形態の相対的な速度、貿易の規模と強度における差異といったものにかかわる——は、資源依存の対称性で成り立っている街の人口規模が一様に保たれることの可能性を台無しにした。

　都市の運動性の形式的なモデルによれば、規模の異なる都市で成り立つ集合体は、対称性を破る出来事の継起から創発するが、そのとき各々の街が直面するのは、人口や投資や他の資源の獲得といった求心性の過程だけでなく、混雑や汚染や交通渋滞といった遠心性の過程でもある。ある一組の力が別の力に対して優勢になることを告げる転換点では、街は爆発的に成長するか、もしくはより大きな街の影にかくれて小さな規模へと縮小するかもしれない[34]。コンピューターのシミュレーションでは、現れてくる実際のパターンは唯一ではない。すなわち、都市の運動性が向かう先には単一の最適なパターンが存在するということはありえない。そのパターンはむしろ反対に、実際に起こる出来事の歴史的推移の影響を受けやすい。このことゆえに、都市の中心が現れてくるパターンは、「システムの空間構造のなかで化石となって蓄積される」[35]、対称性の破れの推移を思い起こさせるようなものとなっている。

中心地の階層秩序と海のネットワーク

これらの形式的なモデルにみられる反復的な創発パターンは、地理学者には馴染みのものである。すなわち、中心地の階層秩序である。そのもともとの定式では、中心地理論は、規則的に空間化された都市の中心部――それが大きくなるのにともない、サービスの分化の度合いがより大規模になっていく――のなかにある階層秩序的な関係性を記述する試みであった。たとえば、中世ヨーロッパに現れた階層秩序では、最小の街は、小さな市場と教会を、その周辺にある地方へのサービスとして提供した。中規模の街は、この市場の機能だけでなくさらにより洗練された宗教的なサービスや、郡刑務所や学校といった、簡素な行政・教育サービスを提供したが、これらのサービスは、その周辺の地方だけでなくそこよりも小さな規模の街にも提供された。ひるがえって大規模な街は、さまざまな市場と行政と宗教的なサービスを増殖させ、大学が提供する洗練された教育サービスを供給した[36]。要するに、中心地の階層秩序においては、各々の階層は、そのすぐ下に位置する階層にあるサービスの全てとそれをわずかに上回るものを提供するが、こうして提供されるサービスは、階層を横断するところにおいて資源の相互依存性を創出した。ここにはさらに貿易が創出する経済的な相互依存性を付け加えなくてはならない。なぜなら、より大規模な街はそれより小さな街にもまして多様な生産物をとりわけ提供したというだけでなく、政治的な相互依存性をも提供したが、それは、階層秩序の頂点にある大規模な都市はたいてい地域か州の中心であるという事実から帰結したのであった。中世のヨーロッパの都市人口のあいだでの貿易は、内陸にある中心地の階層秩序だけでなく、広範な臨港ネットワークを発生させたが、そこで都市は、地理的に固定された中心ではなく変化する中継点であった。都市史家のホーヘンベルクとリーは書いている。

類似した中心の階層秩序的な入れ子構造は、提供されるサービスの数と希少性によってたいてい区別されているが、これに対して臨海のネットワークは、機能的に相補的である都市と都市施設が秩序化されている状態を提示している。都市の中心となるシステム的な特性は、中心性ではなくてむしろ結節点だが、階層秩序的な差異のうちでも規模に由来するものはほんのわずかで、むしろ優勢な都市機能の性質に由来するものがほとんどである。統制能力とイノベーションはたいていてい権力と地位を与えるが、それらにつづくのが財とメッセージの伝達で、最終的には通常の生産という職務の遂行につづいていく。ネットワーク都市は、遠く離れたところであっても容易に統制力を行使するために、街の影響力は近接性とはほとんど関係がないし、領土にたいする形式的な支配とさえもほとんど関係がない。(37)

これらのネットワークにある各々の結節点は、それと競合関係にある結節点とは重なり合わない経済活動の部分集合にもとづくことで、特別なものになった。つまり、利潤の大半を生むことになった活動をとりわけ独占している支配的な結節点とは重なり合わないところにおいて特殊化をとげた。供給源が変化するか、流行のせいで高価な生産物から別の生産物へと需要が推移すると、利潤率が歴史的に変動するため、ネットワークの各々の結節点に占める活動の混合も変化し、そしてさらに、結節点のあいだにある力関係も影響をうけた。このことゆえに、優勢な結節点、ないしは「中枢」とときに呼ばれるものは、たとえ強力な臨港があったとしても、時間が経過するのにしたがい変化した。中枢を占める都市の遷移は、おおよそ次のようなものであった。ヴェニスが一四世紀には支配的であったが、一五世紀にはアントワープにとってかわられ、一六世紀にはジェノヴァが、一七世紀にはアムステルダムが、次の二世紀にはロンドンが、二〇世紀にはニューヨークが優勢になった。(38) ホーヘンベルクとリーは、都市のネットワークの特徴として、経済的な専門化だけでなく遠方にたいする統制力をもあげている。すなわち、海上の輸送機関の速度が地上での速度以上に高速であるということのおかげで可能になる、空間的な近接性からの相対的な自立性である。輸送機関のよりいっそうの高速化は、ネットワークにある結節点を、その後背地にある内陸の都市よりはむしろ別の結節点へと近づけていった。ニュース、財、貨幣、人、さらには接触感染性の病気ですら、それらすべてが、一つの中心地から他の中心地へと移るよりもはやく、結節点から結節点へと推移した。

集合体としてみたときには、中心地の階層秩序と臨港のネットワークには、物質的な役割と表現的な役割をはたす異なった構成要素がそなわっている。物質的な構成要素の役割は、地理的な状況と連結のいずれにおいても異なってくる。一方で、土地資源への、とりわけ農地への影響力の決め手となったのは、中心地の地理的な布置であった。それに対し、臨港のネットワークでは、とりわけそれが優勢な結節点であるとき、土地資源や農地への影響力は相対的に貧弱であった。ヴェニスは経済的に困窮していたので最初から輸入することを強いられており、アムステルダムはつねに海を埋め立てて土地を造成しなくてはならなかった。連結という観点からみると、道路は中心地を階層秩序に従って結合した。小さな街を地域の中心へと結合する、直接の陸路はほとんどなかった。さらに、陸上輸送機関の速度が相対的に遅いとき、街は一つの群をなすことになった。なぜなら、大規模な中心が提供するサービスを小さな街が享受できるようになるのは、それらが比較的短い距離をへだてて位置する場合に限られたからだ。すなわち、居住者が、必要とされるサービスを獲得するには歩いてもしかたがないと思える程度の距離である。臨港は、このような制約にしばられていなかった。船の速度が高速であるなら、長距離はさして問題にならなかったというだけでなく、臨港のすべてが、階層性とはかかわりなく直接結びつけられていた。この連結にあって要所となるのが海であった。都市化の第一波のあいだにはたとえば「地中海とアドリア海、ノース海峡とバルチック海という二つの内海は、貿易の中心地を隔てるというよりはむしろつなぐ役割をはたしてきた」(39)。その後、一七世紀までにグローバルな影響力をもつことになるネットワークを連結していく水域になったのは、まずは大西洋であり、その後は太平洋であった。

これらの集合体の表現的な構成要素は、構成部分である街の集合体のたんなる寄せ集めでしかないかもしれないが、その寄せ集めには特有のパターンがある。中心地の場合には、最小で単純な街を起点に地域の中心部へと辿り着くまで順に大きな街へと向けて旅すると想像するのであれば、この経験は、街にその個性を付与する表現的な要素にみられる、複雑なものが増大していくパターンを明らかにするだろう。教会と中央市場は、より高層で装飾されたものとなり、宗教および世俗的な式典はより豪華なものとなり、街路と仕事場の活動はいっそう多様になり、市場はより多彩で色彩豊かなものになる。臨港のネットワークの場合、支配的な立場にあるということを表現するのは、一つの同じ地域文化にみられる個性のさらなる洗練ではなく、世界のいたるところから集積される表現の多様性であった。中枢にある都市ではとりわけ、生活費が高く、インフレ率も高めであったが、そのために世界からくるありとあらゆる商品は、どれほどに風変りなものであっても、より高い価格設定のところへと流入した。「世界＝都市は、それぞれ輝かしさを繰り広げていた」とブローデルは書いている。これら世界＝都市は、普遍的な倉庫になり、可能なものの目録になり、正真正銘のノアの方舟になった[40]。

これらの集合体で領土化を遂行したのは、地域全体に一定の同質性をあたえる過程であった。もっとも広大な中心地は、しばしば政治的な首都の役割を果たしているが、そこよりも下の階層に位置する街から才能のある人びとが集まってきた。そうした人びとは、彼ら自身の地域文化の言語的な要素と非言語的な要素を携えてきた。そのうちに、中心都市はこれらの要素を、おおよそのところ同質的な生産物へと寄せ集め、洗練し、総合したが、すると今度はこの生産物が小規模な中心地へと再輸出された[41]。上位に位置する、よりいっそう個性的になった文化の高い名声は、文化生産者が短距離で移住することのパターンを引き寄せる磁場となり、地域全域へと拡散していくための手段を統合された文化生産物へと提供した。他方で、長距離の交易には、脱領土化を引き起こしていく効果がある。臨港のネットワークの結節点はしばしば外の世界への玄関口の役割を果たし、外来の文明の窓口になったが、そうなることでいっそう多彩で様々な人口を住まわせることになった。臨港は、中心地よりも大規模な国外商人を抱えていたため、よそ者と異質な習慣、衣装、考え方と頻繁に接触することができる機会を、居住者に提供した。支配的な結節点が存在するということが意味しているのは、都市のネットワークのきわめて世界主義的な文化は平等主義的ではないということであり、その異種混淆性が保持されているのは、都市の文化が、「統合されていくことも、漸次的に総合されていくことも望まない、古くからある周辺部で積み重なって」[42]いたからである、ということである。

都市と国家

都市の集合体の規模から領域国家の規模へと移動するのは抽象的なやり方で行なわれるかもしれないが、このことが端的に指し示すのは、中心地の階層秩序で組織化された内陸の地域と臨港のネットワークで構造化された沿岸地域が今日の国民国家の構成部分であるということである。だがこう考えると、都市がより広大な実体へと吸収されていくことの背後にある過程が見落とされるというだけでなく、都市の中心がそういった統合に対しておこなう抵抗が見落とされてしまう。ヨーロッパでは、この過程の帰結はさまざまであったが、そこに関与する都市の人口がどれほどまでにまとまっているかに左右された。高密度に都市化された地域では、都市は領域国家への結晶化の速度を一九世紀になるまで減速させたが、他方で、密度の低い地域では、都市はすぐさま吸収された。

とりわけ、ちょうど検討していた中心地の階層秩序とは違い、封建制の支配がつづいた領域で出現した領域国家の形態は、頂点に過度なまでに広大な都市を戴く、いびつに歪められたものとなった。これらの不釣り合いなほどにまで人口過多で強力な中心部により形成された中枢の周囲で、帝国、王国、そして国民国家が、ゆっくりと領土を獲得しつつ成長を遂げたが、それにともないこの中枢は、これらの広大な集合体の国家の首都になった。

一六世紀と一七世紀に都市は様々な手段で編入されたとはいえ、直接の軍事介入がしばしばそこに関与した。ある場合には、王国ないしは帝国の支配者は、都市が位置する領土を我が物にしようとした。その要求は継承や婚姻によって正当化されたが、しばしば組織化された暴力の行使をつうじて実行された。だが戦争も、軍と要塞化された前線が生じさせる莫大な出費をつうじて、都市と領域国家のあいだの諍いに間接的に影響をあたえた。大規模で中央集権化された政府だけが、新しい兵器（移動式の大砲など）と防御のための要塞をめぐって進行した軍拡競争から脱落しないでいることができた。歴史家のポール・ケネディが書いているように、

軍事的な要因――あるいは戦略地政的要因といったほうが当たっているかもしれない――が、新しい国民国家の国境を定めるのに一役買い、たび重なる戦争が少なくとも消極的なかたちで国家意識を育てあげた。イギリス人はスペイン人を憎み、スウェーデン人はデンマーク人を憎み、オランダ人の反逆者たちはハプスブルク家の以前の領主たちを憎むようになったのである。さらに、何よりも戦争のため――とりわけ歩兵を主体とする軍隊の形成をうながし、費用のかかる要

塞建設や艦隊建造につながった新しい軍事技術のため――に、交戦国の国家支出は莫大なものにふくれあがり、各国はこれに見あう収入の道を確保するために狂奔しなければならなくなった。……エリザベス治世末期のイギリス、あるいはフェリペ二世治下のスペインでは、政府支出の総額の四分の三が戦争の費用に、あるいは以前の戦争によって負った債務の支払いにあてられていた。海陸の軍事的努力はかならずしも新しい国民国家の存在理由ではなかったかもしれないが、それが最も高くつく、避けられない活動であったことは確かである。(43)

自立した都市の命運を決した歴史的時期を画するのは、一四九四年と一六四八年という決定的な年代であるといえるだろう。つまり、強度と地理的な作用域の両方において戦争の激化が経験された年代である。第一の年代は、イタリアの都市国家群がはじめて侵略を受け、アルプスを越えてやってきた軍隊に打ち負かされた年を示している。それはシャルル八世の麾下のフランス軍だが、その目的はナポリ王国領土への要求を実行することにあった。第二の年代は、当時の大規模な領土的実体のあいだで――カソリックのハプスブルク帝国と、フランス、スウェーデン、多くのプロテスタント同盟の国家からなる連合国のあいだで――戦われた三〇年戦争を集結させたウェストファリア条約の発効を祝福するものである。平和条約が疲弊した参加者のあいだで最終的に締結されたとき、統一され、地政学的に安定しているドイツがヨーロッパの中心に創設され、領域国家の同一性を規定する国境だけでなく、国家間の均衡が確固たるものとなった。「主権」という決定的な法的概念は戦争よりも以前に（一五七六年にジャン・ボダンによって）定式化されたとはいえ、それが領域国家を合法的な実体として規定するのに実際にはじめて用いられたのは平和会議の期間内であった。[44] したがって、国際法は、この戦争の落とし子であったということができるかもしれない。前の章で論じたように、地政学的な実体としての領域国家とそれらを治める組織的な階層秩序を混同しないようにするのが重要である。地政学的な要因は、前者の特性であって後者のそれではない。ポール・ケネディが論じているように、一六四八年以後の戦争にはとりわけ多くの国家が関与したという事実を考えるならば、地理が国家の命運を左右するということは、

たんにその国の気候、天然資源、産業の豊かさ、交易ルートに恵まれているかどうか——これらは国全体の繁栄にとって大切だが——ということだけではなく、むしろこのように多面的な戦争に際しての戦略的位置というきわめて重大な問題を指す。つまり、ある国が一つの戦線に全力を集中することが可能か、それともいくつかの戦線に戦力を分散することを余儀なくされるか、隣接する国は強国か弱国か、陸軍国家か海軍国家か、その両方を兼ねているか、そしてその軍事的な性格はどんな利点と弱点をともなっているか、そうしたければ簡単に中央ヨーロッパからの大戦から手を引くことができるか、海外の予備の資源を確保できるかどうかといったことである。[45]

だが、領域国家を市民的および軍事的組織へと還元することができないとしても、後者の軍事的組織の習慣的な活動は、領域化された地域の大部分の時間構造を定める決定的な要因となる。一六四八年以後に求められるようになった新しい組織の活動の好例は、大規模な戦争を行なうために必

要となる財政と金融政策であり、公的融資の総合的なシステムであった。経済的な面では、「重商主義」と呼ばれている、実用主義的な信念の異種混成体が導く活動がある。この政策の中心をなす信念は、国家の富はその境界の内側で蓄積された貴金属（金と銀）の総量で測られるというものであった。この金融政策が、経済的な要因のあいだの因果関係にかんする誤った信念に基づくものであることは、今日においては明白である。他方で、貴金属が外へと流出していくのを防ぐ方法の一つは輸入を阻止することであったが、そうなると地場産業と国内の経済成長が促進されることになったため、重商主義は、長期的にみるなら領域国家に利益をもたらすという集合的な意図せざる結果をもたらした(46)。しかしながらこの理由のために、重商主義の政策決定をおこなっている人々を、この結果と関連のある社会的行為者と考えるのはむずかしい。組織の活動を、領域国家に時間構造を与える主要な要因と考えることのもう一つの理由は、理にかなう財政政策を行なうために必要とされる能力の多くが、ゆっくりと組織が学習していくことの産物であったということにある。それは一六八八年と一七五六年のあいだのイギリスで最初に達成された。

公信用の変貌という結果を生むこの財政革命は、イギリス財政の根底におよぶ前もっての再組織があってはじめて可能になったのであって、この再組織の全体的な意味は明瞭である。大まかに言って、一六四〇年において、そしてなお一六六〇年において、イギリス財政は、その構造において、その時代のフランス財政にかなりよく似ている。英仏海峡のどちらの側においても、中央集権化された、国家のみに属する公財政は存在しない。王の常時利用する融資者でもある収税吏、みずからの事業をかかえている財務家、職務を金で買ったので国家に従属していない官僚たちの私的なイニシャティブに、あまりにも多くのものが委ねられている。加えてフランス王もまた彼の善良なパリ市に依存したのと同じく、ロンドン市からの絶え間のない恩借は言わずもがなである。イギリスの改革は、国家に寄生している中間的存在を排除することにあった。それは慎重に、継続的なやり方で完遂されたが、しかしながら、そこに何らかのはっきりした方向を見出すことはできない。(47)

市場と首都、言語、貿易

組織の階層秩序の集合体的分析はすでに前の章で素描したので、なおも分析の余地のあるのは領域国家そのものである。物質的な役割をはたす構成部分のうち、国境線の内側に含まれている資源のすべてを挙げなくてはならないが、そこにはただ天然資源（農地であり、そして石炭と石油と貴金属の鉱床）だけでなく、人口という資源も含まれている。つまり、陸軍と海軍へと徴兵するための人員というだけでなく、潜在的な納税者としての人口である。すべての地域についてと同様、物質的な側面には、地域のあいだの接続性にかかわる問題もある。領域国家はこれらの地域をつくることもなければ、それらの地域のいくつかが形成してきた地方をつくることもなく、新しい道路と運河の建設をつうじてそれらの相互連関に影響を及ぼしただけであった。たとえばイギリスはいくつもの地方市場をひとつへとまとめ一八世紀に最初の国民市場を創出したが、その過程では首都が重要な中心形成の役割をはたした。そしてブローデルが論じているように、国民市場がないならば、

「近代国家なるものは純然たる虚構と化していただろう[48]」。

他の国々（フランス、ドイツ、アメリカ）は、国民市場の統一を、機関車と電信を活用することで次の世紀に成し遂げた。蒸気機関の発明によって陸上輸送はそれまで長らく欠乏していた速度を獲得することになったが、そのことで内陸と沿岸地域とその都市のあいだのパワーバランスに変化が生じ、国の首都が支配的な地位にあるものとなった。だが、ホーエンベルクとリーが書いているように、鉄道の台頭にともない、

多くの古くからある結節点と玄関口は繁栄をつづけたのにもかかわらず、陸上の重要地点が貿易と金融と起業におよぼす影響は抑制されることなく強まっていった。権力と富が集積されるのにともない、これらの都市は鉄道のネットワークの設計を指揮し、後には自動車道路の設計を指揮したが、そのことで将来の結節点が依拠することになる連関を拠点として確保した。かつては貿易路と水路が都市のネットワークにおける都市の位置と役割を決定したのに対し、今では鉄道輸送が、地域の交通と遠隔的な接続をもとめる大都市の拡大要求を満たすことになった[49]。

表現的な側面では、もっとも重要な例になるのが、中心による支配を示す手段として国の首都を活用するということである。これは、一七世紀と一八世紀の絶対主義の政府によってヨーロッパで始められた、いわゆる都市デザインの「大様式」をつうじて達成された。イタリアの都市が「大様式」の基本的な要素を創出したが、これらの要素が様式へと体系化されたのは一六五〇年以後のフ

ランスにおいてであった。居住地区は一様性のあるファサードで統一されたが、そのことで、開かれた眺望のための額縁となった。すなわちこの眺望は、方尖塔、凱旋門、塑像などが視覚的におよぼす効果、長くて広い並木道、劇的な効果を生じさせる既存の地形かつくり変えられた地形、これらすべての要素の巨大な幾何学的布置への配置が積み重なっていくところに得られた(50)。象徴と視覚的な表象の使用は都市デザインのための総合的な方法の一部でもあったとはいえ、大様式には総じて劇的効果があり、都市の視覚経験が注意深く計画されて操作されているといったことは、権力の集中の物理的な表現となった。スピロ・コストフはこう書いている。

大様式が大抵の場合集権化された権力と結合しているとしたら、なぜそうであるかはすぐにでもみえてくる。大様式が要請する拡張性そのものと、その様式の抽象性の前提には、円滑な政策決定の過程と、描かれた図面を実践するのに必要な手段がある。そういったあからさまな権威が存在しえないとき、大様式は絵に描いた餅のままである……大様式を有無を言わさず賞賛した唯一のアメリカの都市がワシントンであったということはまったくの偶然ではない……これはアメリカ合衆国で集権化された行政機構を保有する唯一の都市であり、たとえ代理のものであっても、議会の直接的な権威のもとにある都市である。ワシントン以外のアメリカ都市であるなら説得に訴え、図面全体のうちの断片のどこかをややこしい民主主義的な過程をつうじて進展させようとするよりほかない……絶対権力がなくてはならないという前提ゆえに、大様式は一九三〇年代の全体主義の体制を魅了した。つまり、ムッソリーニ、ヒトラー、スターリンの好みに適うものであった。[51]

領域国家の同一性の安定性は、その組織と都市が国家の境界線の内部においてつくりだそうとする統一性（民族、宗教、言語、貨幣、法）の度合いに、ある程度のところは左右される。この規模における同質性の好例は標準語の創出である。たとえばローマ帝国の時代にラテン語が使用されるようになった地方では、各々の中心地の階層秩序にはそれ特有の方言が存在するようになった。それらは、話し言葉か通俗化されたラテン語が帝国の没落のあとに経験した分岐する進化の産物であった。国の首都が台頭する以前には、この分岐する差異化の結果生じたロマンス語の方言のすべては共存したが、たとえいくつかの都市が自分たちなりの変形物への名声をいっそう蓄積したとしても、そうであった。だが領域国家がその手綱を締め始めるにつれ、パワーバランスは変化した。あるときには、特別な組織（公用語にかんする学会）が創立され、勢力のつよい首都の方言を成文化し、公用の辞書、文法、正しい発音にかんする書物を刊行した。この成文化は、しかしながら、新しい人工言語を領土全体へと広めることができなかった。その拡散の過程は、一九世紀になり、標準的な義務教育の国全域におよぶシステムが創出されることを待たねばならなかった。そのときでさえ、多くの地方とその都市は、この押し付けを拒否しみずからの言語的な同一性を保持しようとしたが、その抵抗は、求心力を発生させる源となった。たとえばスイスのようないくつかの国では政治的な安定性は多言語性と共存していたとはいえ、他の国（カナダやベルギー）では、二言語併用政策すらもが安定性を掘り崩していく力になりうることを証明した。[52]

この規模の領土化には、内的な一様性だけでなくさらに、より直接の空間的な意味がある。すなわち、国家を規定する国境線の安定性である。この安定性には二つの側面があり、一つが境界を越えて動く異なる流れの統制であり、もう一つが国境線そのものの持続性という側面である。後者が意味するのは、領土の大きな部分の併合（ないしは割譲）は領域国家の地理的な同一性を変えてしまうという事実である。これらの出来事は、領土の拡張を目的とする戦争（ないしは割譲を目的とする内戦）をかならずしも引き起こすとはかぎらないとはいえ、それでもしばしば戦争は起こるのであり、だからこのことが示すのは、境界線の近くに軍を駐留させておくか、もしくは国境線の強化のための特別な要塞を構築するのが重要であるということである。たとえば、ウェストファリア条約が調印されてから数年後、フランスは、まとまりがあって堅牢な境界線の創出のために莫大な資源を運用したが、その際は、要塞都市、外壁、砦といったものが体系的に構築された。つまり、街の外壁の隣に星型の要塞都市が一定の間隔をあけて建設される、というように。有能な軍事技術者であったセバスティアン・ル・プレストル・ド・ヴォーバンの指揮のもと、フランスの領土を確定する国境線はほとんど難攻不落のものとなり、その高い防御力はフランス革命のときまで維持された。ヴォーバンは北方と南東の国境線に二列の要塞を築き上げたが、互いに体系的に関連づけられていたために、「スイスの境界からチャンネル諸島へといたる道のすべてに配されたフランスの砦の大砲は耳で聞くことのできる範囲内に設置されていた(53)」。

国境線を横断していく移住と貿易は、単一の国家の同一性の創出にむけた努力を妨げていく傾向にあり、この点で脱領土化を推進していくものと考えることができるかもしれない。国境線の浸透性を縮減していく力は、領土的な実体が存在するようになることの条件に、おおよそのところは左右される。ヨーロッパの封建的な場所に成立した王国と帝国は、内的な同質性を創出していくという課題を、高密度に都市化された場所よりも容易にやり遂げることができた。なぜなら、高密度に都市化された地域は、多くの自律的な都市国家の共存ゆえに生じる主権の分裂という問題に対処しなくてはならなかったからだ(54)。

同じく、すでに存在していた帝国の崩壊や先行する植民地支配の分裂から発生した領域国家は、言語や民族や宗教の点で異種混淆的である場所を横断する不安定な境界で囲われていることに気づくかもしれない。安定的な同一性が妨げられ、国境線の管理が難しくなる状況である。国境線の管理と領土の安定性へのより明白な脅威は、少なくとも一七世紀から存在してきた。三〇年戦争をつうじ、近代的な国際法の体系の同一性が形をなしていくのにともない、アムステルダムの都市が国際貿易と信用ネットワークの支配的な中心となったが、それは今日存在している中心とほとんど同じくらいにグローバルなものであった。王国と帝国と国民国家の台頭は、都市に対し、その自律性を縮減することによって領土化への圧力を行使したのだとしても、臨港のネットワークはこれらの圧力に抵抗したというだけでなく、領域国家の構成的な国境線を脱領土化する力をもっていたし、今日においてもそうである。これらの国境線にたいする圧力は近年になっていっそう強くなっているが、なぜなら、金融資源が国境線をこえて流れていくのが容易になり、国際的な労働分業の差異化の度合いと、合法・非合法の労働者の移動性が高まっていったからである。

集合体理論の可能性

都市のネットワークと、これらの都市に依拠している国家を超えた組織は、国家の境界を横断する大規模な地理的地域のうえで展開し、それに一貫性をあたえる。このことは、これらの領域を「世界経済」と呼称するフェルナン・ブローデルの先駆的な成果が出て以来、理解されるようになった[55]。しかしながら、これらの世界経済が、この章で分析された他の領域化された拠点と同じくらいに現実的であるかどうかを述べるには時期尚早である。これらの経済的な拠点に一貫性を与えるものと考えられている過程のうち、長期の時間リズムに従って大規模な地理的地域を横断している同期化された価格の動きといったものは（たとえばいわゆる「コンドラチェフの波」のようなものは）、いまだに議論の的である。

だが、私たちの理解のこの段階においてであっても明瞭なのは、還元論的な社会存在論に依拠する方法は歴史的なデータを正当に取り扱わない、ということである。このことは、イマニュエル・ウォーラーステインが切り開いた「世界システム分析」と呼ばれるマクロ的還元論者の方法にとりわけ顕著であるが、そこでブローデルのそもそものアイデアは、ラテンアメリカの理論家たちが発展させた不均等交換の理論と結合させられている[56]。ウォーラーステインのみるところでは、三〇年戦争の終結以後には社会分析のための単位はただひとつしか存在しない。つまり、「世界システム」全体という単位しか存在しない。国民国家という水準での説明は妥当なものとみなされないが、なぜなら、世界システムにおける国家の位置がそれらの性質そのものを決定するからだ[57]。他方で、集合体の方法のほうが、ブローデルのそもそものアイデアに適合している。彼は「集合体」の概念を使用していないとはいえ、社会の全体を「集合の集合」とみなし、それぞれに異なる規模を有する実体にそれ特有の自律性を付与しつつ、それを他の実体とともに隙間のない全体へとまとめたりはしない[58]。

この本の目的はそういった還元論的でない方法の利点を論じることであったが、その方法においては、すべての社会的実体が、より小さな規模で展開している実体のあいだの相互作用から創発してくるようにみえてくる。創発する全体は、それを構成する部分を拘束しそしてその支えとなるべく反作用するという事実があるからといって、それが隙間のない全体性へと帰結することはない。各々の規模の階層には相対的な自律性が保たれており、したがって分析においては真っ当な単位であるといえるかもしれない。各々の規模の存在論的な独立性を保持するならば、ミクロな還元論やマクロな還元論の試みが成り立たなくなるというだけでなく、さまざまな社会科学者が特定の時空間的な規模で――アーヴィング・ゴフマンが研究した、小さな実体のきわめて短期的な存続から、フェルナン・ブローデルが研究した、大きな実体のきわめて長期的な存続にいたるまで――発展させた有益な洞察の統合が可能になる。集合体理論は、この二人の著者だけでなく本書に影響を与えてきた著者たちの声が、その異なった構成要素を調和させずにその異質性を尊重しつつ連動させるコーラスを、一緒になって形成していく枠組みを提示してくれる。

注

（1） Robert E. Park, 'The City: Suggestions for the Investigation of Human Behavior in the Urban Environment'. In Robert E. Park and Ernest W. Burgess (eds), *The City* (Chicago, IL: University of Chicago Press, 1984), pp. 4-6.〔ロバート・パーク、アーネスト・バージェス『都市――人間生態学とコミュニティ論』大道安次郎、倉田和四生訳、鹿島出版会、一九七二年、三-六頁〕

（2） Anthony Giddens, *The Constitution of Society* (Berkeley, CA: University of California Press, 1986), pp. 118-9. 地域化された地区にかんするギデンズの論法は、ドゥルーズとガタリの領土の概念に近い。彼らはこの概念を動物の領土との関連で展開するが、それはこの事例には収まりきらない。類似点を見出すためには、ギデンズの定義に、リズム的ないしは周期的な習性という観点から、領土の表現的なマーキング化を付け加えなくてはならない。この意味で領土は、「表現的になったリズムの行為」である。

Cf. Gilles Deleuze and Félix Guattari, *A Thousand Plateaus* (Minneapolis, MN: University of Minnesota Press, 1987), p. 315.〔ジル・ドゥルーズ、フェリックス・ガタリ『千のプラトー』宇野邦一他訳、河出書房新社、一九九四年、三六三頁〕実際のところ、領土的な集合体の定義には三つの要素が存在する。境界線を引き、「もろくて不確実な中心を囲んで輪を描き、境界のはっきりした空間」(ibid., p. 313〔同書、三六一頁〕)を整えることによって、領土へと組み入れられる「成分の周期的な反復によって構成された時-空のブロック」(ibid., p. 311〔同書、三五九頁〕)が必要である。そして、リズムと境界にくわえ、輪を切り開き、境界線の裂け目をとおって家から出て行くことの可能性が存在せねばならない。これはもちろん、集合体を未来の可能性へと開き、その同一性を変更すらすることの可能な脱領土化の過程に相当する。

（3） Fernand Braudel, *The Structures of Everyday Life* (New York: Harper & Row, 1992), p. 267.〔フェルナン・ブローデル『日常性の構造1』村上光彦訳、みすず書房、一九八五年、三六〇頁〕

（4） James E. Vance Jr, *The Continuing City: Urban Morphology in Western Civilization* (Balitimore, MD: Johns Hopkins University Press, 1990), p. 416.

(5) Braudel, *The Structures of Everyday Life*, p. 267.〔ブローデル『日常性の構造1』、四一六頁〕
(6) Vance Jr, *The Continuing City*, p. 416.
(7) Ibid., p. 378.
(8) Braudel, *The Structures of Everyday Life*, p. 310.〔ブローデル『日常性の構造1』、四一八‐四一九頁〕
(9) Ibid., p. 317.〔同書、四二七頁〕
(10) Ibid., p. 324.〔同書、四三九頁〕
(11) Michel Foucault, *Discipline and Punish: The Birth of the Prison* (New York: Vintage Books, 1979), p. 172.〔ミシェル・フーコー『監獄の誕生』田村俶訳、新潮社、一九七九年、一七六‐一七七頁〕
(12) Anthony Giddens, *The Constitution of Society*, p. 152.
(13) Vance Jr, *The Continuing City*, p. 175.
(14) Ibid., pp. 120 and 184-5.「要塞都市で学び取られた重大な形態論的な真理は、街の内側における通行の利便性と比例に従う配列が機能的な平等性のもっとも具体的な表現であり、防衛における強力な防波堤になるということであった」(ibid., p. 200)
(15) Ibid., pp. 36-7.
(16) 経済学者のトマス・シェリングが指摘したように、これらの過程の背後にある動態は、互いに反応しあう人々で構成される環境に反応する人々の動態である。類似した集団の近くで生活したいという人々の集団の選好のことを考えるならば、街区へと入るかそこから出ていくときにおこなわれる各々の決定は、街区そのものを変え、現在の居住者と、そこに住みたいと考えている人々がおこなう未来の決定に影響を与える。Thomas C. Schelling, *Micromotives and Macrobehavior* (New York: Norton, 1978), Ch. 4.
(17) Robert E. Park, 'The City', in Park and Burgess, *The City*, p. 9.〔パーク、バージェス『都市』、九頁〕
(18) Vance Jr, *The Continuing City*, p. 316.
(19) Ernest W. Burgess, 'The Growth of the city', in Park and Burgess, *The City*, p. 50.〔パーク、バージェ

ス『都市』、五二頁〕

(20) Paul M. Hohenberg and Lynn Hollen Lees, *The Making of Urban Europe, 1000–1950* (Cambridge, MA: Harvard University Press, 1985), p. 299.

(21) Vance Jr, *The Continuing City*, p. 409.

(22) Ibid., pp. 412-3.

(23) Ibid., pp. 74-7.

(24) Braudel, *The Structures of Everyday Life*, pp. 484-9. 〔フェルナン・ブローデル『日常性の構造2』村上光彦訳、みすず書房、一九八五年、二一七―二二五頁〕

(25) Ibid., p. 486. 〔同書、二二〇―二二一頁〕

(26) Masahisa Fujita, Paul Krugman and Anthony J. Venables, *The Spatial Economy: Cities, Regions, and International* (Cambridge, MA: The MIT Press, 1999), p. 4. 〔藤田昌久、ポール・クルーグマン、アンソニー・J・ベナブルズ『空間経済学――都市・地域・国際貿易の新しい分析』小出博之訳、東洋経済新報社、二〇〇〇年、四頁〕 Peter M. Allen, *Cities and Regions as Self-Organizing Systems* (Amsterdam: Gordon and Breach, 1997), p. 27.

(27) Vance Jr, *The Continuing City*, p. 373.

(28) ドゥルーズとガタリは、リズムカルに反復される主題とそれが外的環境とのかかわりのなかで創出する対位旋律を、表現的な構成要素が領土的な集合体で自己組織化していく二つの状態とみなしているが、それは動物の集合体をも含んでおり、たんなる署名であったものを様式に変容させていく (Deleuze and Guattari, *A Thousand Plateaus*, p. 317 〔『千のプラトー』、三六六頁〕)。

(29) Spiro Kostof, *The City Shaped: Urban Patterns and Meanings Through History* (London: Bulfinch Press, 1993), pp. 284-5.

(30) Vance Jr, *The Continuing City*, p. 56.

（31） Braudel, *The Structures of Everyday Life*, p. 512. 〔ブローデル『日常性の構造2』、二五八頁〕
（32） Vance Jr, *The Continuing City*, p. 502-4.
（33） Paul M. Hohenberg and Lynn Hollen Lees, *The Making of Urban Europe*, pp. 20-23（一〇〇〇年から一三〇〇年の時期）、pp. 106-7（一五〇〇年から一八〇〇年）、pp. 217-220（一八〇〇年から一九〇〇年）.
（34） Fujita et al., *The Spatial Economy*, p. 34. 〔藤田他『空間経済学』、三六頁〕
（35） Allen, *Cities and Regions as Self-Organizing Systems*, p. 53.
（36） Hohenberg and Hollen Lees, *The Making of Urban Europe*, pp. 51-4.
（37） Ibid., p. 240.
（38） Fernand Braudel, *The Perspective of the World* (New York: Harper & Row, 1979), pp. 27-31. 〔フェルナン・ブローデル『世界時間1』村上光彦訳、みすず書房、一九九五年、一九－二五頁〕
（39） Hohenberg and Hollen Lees, *The Making of Urban Europe*, p. 66.
（40） Braudel, *The Perspective of the World*, pp. 30-31. 〔ブローデル『世界時間1』、二四－二五頁〕
（41） Hohenberg and Hollen Lees, *The Making of Urban Europe*, p. 6.
（42） Ibid., p. 281.
（43） Paul Kennedy, *The Rise and Fall of the Great Powers: Economic Change and Military Conflict from 1500 to 2000* (New York: Random House, 1987), pp. 70-71. 〔ポール・ケネディ『決定版　大国の興亡――一五〇〇年から二〇〇〇年までの経済の変遷と軍事闘争（上）』鈴木主税訳、草思社、一九九三年、一二〇－一二一頁〕
（44） J. Craig Barker, *International Law and International Relations* (London: Continuum, 2000), pp. 5-8. 五年間の交渉期に関しては、Geoffrey Parker, *The Thirty Years' War* (London: Routledge & Kegan, 1997), pp. 170-8.
（45） Kennedy, *The Rise and Fall of the Great Powers*, p. 86. 〔ケネディ『大国の興亡（上）』、一四二頁〕

(46) Fernand Braudel, *The Wheels of Commerce* (New York: Harper & Row, 1979), pp. 544-5.〔フェルナン・ブローデル『交換のはたらき2』山本淳一訳、みすず書房、一九八八年、三二五‐三二九頁〕
(47) Ibid., p. 525.〔同書、三〇三頁、強調はデランダ〕
(48) Braudel, *The Structures of Everyday Life*, p. 310.〔ブローデル『日常性の構造2』、二八一頁〕
(49) Hohenberg and Hollen Lees, *The Making of Urban Europe*, p. 242.
(50) Kostof, *The City Shaped*, pp. 211-5.
(51) Ibid., p. 217.
(52) 言語と方言の政治史について利用可能な素材のすべての総合の試みについてはManuel DeLanda, *A Thousand Years of Nonlinear History* (New York: Zone Books, 1997), Ch. 3を参照のこと。
(53) Christopher Duffy, *The Fortress in the Age of Vauban and Frederick the Great* (London: Routledge & Kegan Paul, 1985), p. 87.
(54) Peter J. Taylor, *Political Geography* (New York: Longman, 1985), pp. 113-5.
(55) ブローデルは、世界経済という用語を、一貫性のある経済地域としての地中海を論じるために導入した。Fernand Braudel, *The Mediterranean and the Mediterranean World in the Age of Philip II, Vol. 1* (Berkeley, CA: University of California Press, 1995), p. 419. ブローデルは、そもそもの概念を、二人のドイツ人学者の研究から借用している。Braudel, *The Perspective of the World*, pp. 30-31（ブローデル『世界時間1』、i頁）
(56) Immanuel Wallerstein, *World-Systems Analysis: An Introduction* (Durham, NC: Duke University Press, 2004), pp. 11-7.〔イマニュエル・ウォーラーステイン『入門・世界システム分析』山下範久訳、藤原書店、二〇〇六年、四三‐五一頁〕
(57) Ibid., p. 16.〔同書、五一頁〕ウォーラーステインのマクロ還元論は、大規模な社会的実体を概念化するのに、彼がヘーゲル的な全体性を用いることに由来する。Immanuel Wallerstein, *The Capitalist World-*

Economy（Cambridge: Cambridge University Press, 1993), p. 4.〔イマニュエル・ウォーラーステイン『資本主義世界経済1——中核と周辺の不平等』藤瀬浩司、金井雄一、麻沼賢彦訳、名古屋大学出版会、一九八七年、六頁〕

（58） Braudel, *The Wheels of Commerce*, p. 458〔ブローデル『交換のはたらき2』、二一五頁〕

訳者解説

本書は、Manuel DeLanda, *New Philosohy of Society: Assenblage Theory and Social Complexity*, Bllomsbury, 2006の全訳である。著者による補いは角カッコで、訳者による補いは亀甲カッコで示した。各章の小見出しは日本語版独自のものである。引用にあたっては既訳を参照しつつ一部変更した。

デランダが所属する大学機関のホームページによると（http://www.egs.edu/faculty/manuel-de-landa/）、デランダは、一九五二年にメキシコシティで生まれ、一九七五年以来ニューヨークで暮らしている。彼は哲学者であり、メディア・アーティストであり、プログラマーであり、ソフトウェア・デザイナーである。一九七〇年代にアートを学んだあと、批評理論と哲学に触発され、アングラの8ミリ映画と16ミリ映画を作成するインディー系の映画作家になった。一九八〇年代には、プログラミングとコンピューターのソフトウェアの制作に関心を示すようになり、一九九〇年代以降は、哲学にかんする論文や著作を発表する。『機械たちの戦争』（杉田敦訳、アスキー出版局、一九九九七年）が日本語訳で出されているほか、哲学書としては *Intensive Science and Virtual Philosophy*（2001）などがあり、最近も *Philosophy and Simulation: The Emergence of Synthetic Reason*（2011）が刊行されている。論文の日本語訳には以下がある。「ドゥルーズ、ダイアグラム、形態の起源」（杉田敦訳、『批評空間』一九九九年七月）、「ドゥルーズと、建築での遺伝的アルゴリズムの利用」（松浦俊輔訳、『オープンネイチャー』ＮＴＴ出版、二〇〇五年）、「ドゥルーズ、数学、実在論的存在論」（近藤和敬訳、『現代思想』二〇一四年一月）、「経済、コンピューター、戦争機械」（篠原雅武訳、『現代思想』二〇一四年一一月）、「新唯物論をめぐる応答　特異な個体だけからなる存在論とはいかなるものでありうるか」（近藤和敬訳、『現代思想』二〇一五年六月）。

序文では、本書の目的が、「社会存在論にとりくむためのこれまでとは異なる方法を導入しようとすることである」と述べられている。続けて、本書の立場は実在論だと述べられている。つまり、「現実が心から独立して存在する」と考える立場であると言われるのだが、デランダの議論は抽象的で簡潔であるため、この導入部を理解するには、補足情報が必要である。

デランダは、社会存在論にとりくむための新しい方法として、実在論を提示する。つまり、社会存在論を、実在論の立場から捉えてみるということである。デランダは、二〇一二年の二月と四月におこなわれたインタヴュー（http://timursiqin.com/manuel-de-landa-in-conversation-with-timur-si-qin/）で、次のように述べている。

二〇世紀には、少なくとも人文学では、観念論が優勢でした。観念論において世界は、もしそれがなんらかの独立した存在であるとしたら、形を欠いています。私たち人間が、私たちの心と概念によって、世界に形を付与するのです。また、実証主義も、反実在論の立場でした。実証主義は、直接に観察できる実体については心から独立の実在性があるものとして認めますが、そうでないものは実在しないと考えます。次第に、このような反実在論の形態が次第に行き詰まりつつあるように思われるようになり、新しくそれにかわる立場が求められるようになりました。

デランダは、観念論でも実証主義でも捉えられないものとして、社会を思考しようと試みる。つまり社会を、人間の心の作用とは独立のものとして思考することである。観念や概念のふるまいや、システムや社会構造や言説といった知的構築物では捉えられないものとして社会存在を考える、ということである。デランダは、このような知の転換が要請される理由について、次のように述べる。

今や、人類が直面している問題の多くは、直接的には観察できない物質的な過程によって引き起こされています。それはすなわち、環境や河川や海の緩慢な汚染であり、大量生産において規格化された労働の拡散を要因とする、人間の技能の緩慢な低落です。

デランダは、環境の汚染や人間性の荒廃を、物質的な過程によって生じるものと考えている。社会存在の実在性は、この荒廃が生じる物質的な過程において、見いだされることになろう。それらは、観念論や実証主義では捉えがたいところにおいて起きている。デランダがいうには、それは「現実的だが潜在的な状態にある」。つまり、観察可能ではないが、それでも現実に生じている。これがデランダのいう実在の世界である。観念や概念の働きへと世界を従属させるのではなく、世界において、世界に即して思考する。これがデランダのいう実在論の立場である。この立場は、彼自身が映像作家として活動したことと無関係ではない。ビデオカメラが映し出す世界は、観念的な構築物へと従属するようなものではない。

デランダは、自らの立場を、「実在論的な社会存在論」(八頁)と定式化する。実在論的という言葉は、上述のとおり、観念論や実証主義的経験論と区別されるものとして用いられている。社会は、心や概念の作用から独立したものとして存在する、ということである。

だがデランダは、そう述べながらも、社会存在論の場合には、実在論の定義は修正を要すると述べる。すなわち、社会が完全に心から独立であるとまでは考えられない、ということである。ここでデランダは、「心から独立していない」ということを、二通りの意味で考えている。一つは、観念論的に形成された知の枠組みへと社会が従属しているということである。そしてもう一つは、社会という実在は、しっかりとした理論的な設定において的確に把握されることを要する、ということである。前者において社会は、観念に従属し、観念から湧出すると捉えられるが、後者のばあい、社会は、このような観念からは独立でありつつも、一定の理論的設定において把握され、提示されることを求めるものと捉えられる。

ここで、デランダの知識にかんする考察が参考になる(DeLanda, "Ontological Commitments",

Speculations: A Journal of Speculative Realism IV (2013), p. 73)。デランダは、知識を二つに区別する。一つが、「……を知っている」、というものである。……に対応するのは、「地球は丸い」や「大阪府の面積は一八九九キロ平方メートル」といった文章であるが、つまり事実をそのまま述べる文章である。観念論や実証主義的な経験論の前提にあるのが、このような知識観である。これに対してデランダは、もう一つの知識の形態として、「いかにして……であるかを知る」というものを挙げる。……には、やはり「地球は丸い」や「大阪府の面積は一八九九キロ平方メートル」といった文章が対応するが、この場合、ただ事実そのものが述べられているのではない。いかにして地球は丸いかを知るためには、地球が丸くなるに至る物理的な過程を知る必要があるだろうし、あるいは、地球の表面は山あり谷ありで本当のところは平面でないのになぜこれが「球体」として把握されるのかといった問いに答える必要もあるだろう。つまり、ただ事実として「丸い」というだけでなく、いかにして丸いかを考えることが求められる。なお、デランダの知識観の一端は、本書第三章の冒頭部分で述べられている。デランダが批判する「時代遅れの基礎付け主義的な認識論《エピステモロジー》」の前提にあるのも、前者の知識観だろう。

デランダは、みずからの立場を、後者に定める。ゆえに、社会を問うにあたっては、「社会とは何か」ではなくて、「社会はいかにして、いかなるものとして存在するか」が重要な問いになる。この問いに答えるには、社会という実在の存在を知的に捉えるための設定が必要になる。

つまりデランダは、社会を知的な活動から独立の実在と捉える一方で、この実在は何らかの知的設定のもとで捉えられないかぎり存在することがないと考えている。この知的設定の前提にある知識観は、観念論や実証主義が前提とする認識論とは異質のものである。そしてデランダは、社会を捉えるための方法として、「集合体」の概念を提示する。

本書は、実用的な本でもある。第五章で展開される都市と国家にかんする議論は、近代的な都市計画の方法論とは別の方法論を模索している建築家や都市の実務の人たちにも多くの示唆を与えるものとなるだろう。

都市は、集合体と捉えられる。住宅の集合が街区となり、街区の集合が地区になり、地区の集合が都市になるというように、無数の要素の集合として都市を捉えるということだが、デランダは、これらの要素の集合を、相互に連関するものとして捉えている。住宅と住宅は街路を介して連関し、住宅と公園は広場を介して連関するというように、連関のパターンは無数だが、重要なのは、住宅や公園といった個物そのものではなく、それらがいかに連関するかに着目していくことである。そして連関は、ただ都市の内部の構成要素のあいだだけでなく、都市と都市のあいだにも生じる。鉄道の敷設、航路の発見、飛行場の建設など、都市インフラの整備が都市間の連関を促していくが、人の移動をつうじて都市の文化が伝播し、相互影響し、連関するということもある。そして都市と都市の連関は、違う都市のあいだにおいて競合関係や連携関係などを形成し、都市の発展を促していく。

さらに、都市の相互的連関の観点から、世界を描き直すこともできる。本書の第五章後半では、都市が国民国家へと吸収されたということが論じられている。デランダは、都市がその吸収に対して抵抗したということに着目する。つまり、国民国家は比較的近年の産物であるのに対し、都市はより古くからある（シリアのダマスカスは九〇〇〇年の歴史をもつ）。デランダははっきりとは述べていないが、彼が提示するのは、歴史の浅い国民国家へと吸収された都市は、国民国家がその歴史的役目を終えることがあっても、その本来の自律性と連関性を発揮して存続していくことになるという展望である。この展望に従うならば、都市の連関の網の目は、国民国家とは異質の集合体を創発することになるだろう。その兆しは、現在、いろいろなところに現れている。

現在は、都市の自律性を阻止し国民国家の枠内へととどめようとする傾向と、そこから離脱し新しい連関をつくりだそうとする傾向がせめぎあっているということもできそうである。軍事的対立は、国家と国家のあいだにおいてだけでなく、国家と都市のあいだでも起こりうるのであって、しかもこの対立は、複数の国家の連合とひとつの都市のあいだで起こることもありうる。

デランダは、集合体の理論を、ひとまとまりの統合型の全体性と対抗させて展開している。都市と国家の議論に即していうなら、集合体には都市が対応し、統合型の全体性には国民国家が対応する。デランダは、国民国家を統合型の全体性とは捉えず、都市の連関を土台にして成立する仮構物として捉えるのだが、それでも、統合型の全体性を基礎とする社会観に根ざして思考する人たちはそうは考えないだろう。都市と国民国家は、後者が前者を統合し、統制するという関係になると考えるだろう。

デランダが批判するのはこの社会観である。都市の集合体があり、そこから国民国家が創発すると考える。そして、たとえ国民国家があろうとも、都市と都市は国民国家の制約を越えて互いに連関していく。この連関のほうが社会的現実に即している。連関の度合いが高まっていくなら、都市と都市の境界は相互浸透性の度合いを高めていくだろう。国民国家の制約を超えた都市的な連関の網の目が拡がっていく。統合と連関の対置は、ルート128とシリコンバレーの対置にもみられる。シリコンバレーに典型的な産業集積が新しい社会の形成に向かったとデランダは考えている。

本書は、抽象度が高く、論理も精緻である。鋭いことを述べている。その鋭さは、映像作家ならではの観察眼に裏打ちされていると思われる。私たち読者は、本書を完成されたものとしてではなく、未完のものとして読むべきである。未完であるとはつまり、なおも展開の余地があるということである。展開の余地があるからこそ、私たちの思考は触発される。ただし、私たちの思考のほうが触発される状態にあることがそのための条件になる。

Seamlessという言葉をどう訳すかについて、最後に一言述べておく。原書では「seamless web」「seamless totality」などと書かれているが、密に絡まり合っていて身動きとれない状態のことがこの言葉で言われているのだろう。なんと訳したらよいものかと思案していたとき、偶然、水野しずのプロフィールの一文を知った。

隙間なく張り巡らされた網の目の中で、生きている人間はいるか。私はあなたを発見したい。だから生きる。緩やかに死にあうのはやめて。見過ごし合うことをコミュニケーションと呼ぶのならば、そんな社会は養豚場と変わらない。私は戦わない。ユーモアと知性、生まれ持ったセンスで網の目を緩めて掻い潜る。あと月に一度髪を切るし、似合う服を着て化粧をする。（https://www.wantedly.com/users/17825513）

隙間なく張り巡らされた網の目。それは、切れ目がなくつながりあっていることだけでなく、密にこんがらがっていて互いが互いを気にし合っていてプレッシャーをかけあうという状態を意味しているのだろう。これを参考にして、「隙間のない網の目」という訳語にした。水野しずの活動をみていると、本書で言われる統合型の社会観などもちあわせていないように思われる。現状を、ネットをつうじた世界への発信をさらに促し、偶然の創発を引き起こしていくチャンスと考えているのではないだろうか。本書がそのための一助となることを切に願う。

翻訳作業においては、大阪大学大学院国際公共政策研究科稲盛財団寄附講座での教育・研究活動から多くのヒントを頂き、様々な面で助けていただいた。特任教員の皆様、事務スタッフの皆様、授業を受講してくれた学生の皆様、大阪大学総合図書館の司書の方々、そしてとりわけ、星野俊也先生、藪中三十二先生には、深くお礼を申し述べたい。

また、翻訳の実務作業では、人文書院の松岡隆浩さんにお世話になった。そもそも本書を訳すことになったきっかけは、ほんのささいな会話がきっかけであった。ありがとうございました。

二〇一五年八月二五日

篠原　雅武

人名索引

著者略歴

マヌエル・デランダ（Manuel DeLanda）

1952年、メキシコシティ生まれの哲学者、映像作家。1970年代よりニューヨークで活動する。主な著作に、*A Thousand Years of Nonlinear History*（1997）、*Intensive Science and Virtual Philosophy*（2002）、*Philosophy & Simulation: The Emergence of Synthetic Reason*（2011）など。訳書に、『機械たちの戦争』（杉田敦訳、アスキー出版局、1997年）がある。

http://www.egs.edu/faculty/manuel-de-landa/

訳者略歴

篠原雅武（しのはら・まさたけ）

1975年、横浜市生まれ。京都大学大学院人間・環境学研究科博士課程修了。博士（人間・環境学）。現在、大阪大学大学院国際公共政策研究科特任准教授。社会哲学、都市と空間の思想史。著書に、『公共空間の政治理論』（人文書院、2007年）、『空間のために　遍在化するスラム的世界のなかで』（以文社、2011年）、『全－生活論　転形期の公共空間』（以文社、2012年）、『生きられたニュータウン　未来空間の哲学』（青土社、2015年）。訳書に、デイヴィス『スラムの惑星』（共訳、明石書店、2010年）、ケリー『フリーダム・ドリームス』（共訳、人文書院、2011年）、スピヴァク『いくつもの声』（共訳、人文書院、2014年）など。

http://d.hatena.ne.jp/yume0412/

ISBN978-4-409-03089-9 C3010

社会の新たな哲学
——集合体、潜在性、創発

二〇一五年一一月二〇日 初版第一刷印刷
二〇一五年一一月三〇日 初版第一刷発行

著者 マヌエル・デランダ
訳者 篠原雅武
発行者 渡辺博史
発行所 人文書院
〒六一二-八四四七
京都市伏見区竹田西内畑町九
電話〇七五・六〇三・一三四四
振替〇一〇〇〇-八-一一〇三

印刷所 創栄図書印刷株式会社
製本所 坂井製本所
装丁 間村俊一